Upgrade Japanese

STEP 3

小澤康則 · 吉本一 · 泉千春 공저

머리말

　이 책은 일본어의 기초적인 문법을 익힌 학습자들이 그것을 이용해서 서로 대화할 수 있도록 하기 위한 교재입니다.
　『New 다락원 일본어 Step 1·2』에서 배운 문법 사항을 복습하면서 좀 더 자유로운 회화를 배울 수 있게 구성하였습니다. 또한 자연스럽게 『New 다락원 일본어 Step 4』로 이어질 수 있게 수준을 조절하였습니다. 『New 다락원 일본어 Step 4』에서 중고급 수준(일본어 능력시험 2급 이상)의 문형 가운데 111개를 배우게 되어 있는데, 이 책에서는 기초·초급 수준(일본어 능력시험 3·4급 정도)의 문형 가운데 90개 정도를 뽑아 회화 형식으로 꾸몄습니다. 문법적으로는 대부분이 이미 앞 단계에서 배운 내용이며, 약간 수준 높은 어휘들이 추가되었을 뿐입니다.
　기초·초급 문형을 차츰 배우게끔 구성하였으므로 나중에 나올 문형을 미리 사용하지 않도록 신경을 썼으며 그 때문에 많은 고생을 했습니다. 기초·초급 문형은 자연스러운 대화에서 거의 필수적인 요소이기에 예문을 만들다 보면 무의식 중에 써 버리는 경우가 많기 때문입니다. 4컷 만화, 업그레이드 회화, 포인트 스터디, 연습문제에서는 쉬운 문형에서 차례대로 배울 수 있게 되어 있습니다. 다만 롤플레이 답안례만은 예외로 하였습니다. 그것은 어디까지나 하나의 예로서 제시한 것으로, 수업 시간에 같이 배우는 내용은 아니기 때문입니다.
　학습자들의 수준이나 시간적 여유에 따라 취사선택을 하셔도 되고 관련된 내용을 더 추가하셔도 좋습니다. 재미있게 일본어 회화를 배우시고 많이 사용해 보시기를 기대합니다.
　끝으로, 이 좋은 기획 교재 작성에 참가할 수 있는 기회를 주시고 여러모로 조언을 해 주신 다락원 관계자 분들께 감사드립니다.

이 책을 사용하시는 분들에게

❶ 이 책은 『New 다락원 일본어 시리즈』의 제3단계 교재로, 기초·초급 문법의 복습과 회화 연습을 겸한 초급 회화 교재입니다.

❷ 이 책에서는 기초·초급 수준(일본어 능력시험 3·4급 정도)의 문형 가운데 90개 정도를 골라 기능별·난이도별로 제시하였습니다.

❸ 이 책은 총 20과로 구성되어 있습니다.

❹ 각 과의 첫 페이지에는 그 과에서 학습해야 할 기능 및 포인트 문형인 チャレンジ文型를 제시하고, 4컷 만화로 그 문형들의 기능과 의미를 미리 보여 줍니다. (4컷 만화의 일본어 번역은 본책 부록에 실려 있습니다.)

❺ アップグレード会話에서는 각 과의 포인트 문형을 재미있는 상황 회화로 엮어 표현력을 한 단계 업그레이드할 수 있도록 하였습니다. 또한 CD를 듣고 말함으로써 더욱 효과적으로 학습할 수 있습니다. 다만 회화체 특유의 축약 표현 등도 나오기 때문에 연습문제를 먼저 배우는 것이 쉬울 수도 있습니다.

❻ ポイント・スタディ에서는 チャレンジ文型에 대한 해설과 다양한 예문을 제시하여 확실히 이해할 수 있게 하였습니다.

❼ 会話練習에서는 '보고 말하기, 바꿔 말하기, 자유롭게 말하기' 과정을 통해 チャレンジ文型을 다양하게 응용해 보는 연습을 할 수 있습니다.

❽ ロールプレイ에서는 주어진 역할과 상황에 맞게 チャレンジ文型을 이용하여 말하는 연습을 할 수 있습니다.

❾ 自由会話에서는 제시된 질문에 자유롭게 대답하는 과정을 통해서 종합적인 회화력을 키우고, 다음 단계로 올라갈 수 있도록 하였습니다.

등장인물 소개

이 책에서는 다음의 인물들이 등장하여 재미있는 스토리로 여러분의 학습을 도와줍니다.

小泉一家

小泉純一 고이즈미 준이치
(아버지, 50대 중반의 과장, 이 책의 주인공)

小泉千秋 고이즈미 지아키
(어머니, 40대 후반)

小泉一郎 고이즈미 이치로
(아들, 대학 3학년)

韓一家

韓東源 한동원
(아버지, 50대 중반의 회사 거래처 과장)

林景淑 임경숙
(어머니, 40대 후반)

韓悠美 한유미
(딸, 대학 3학년)

会社の人々

吉沢康夫 요시자와 야스오
(50대 중반의 회사 동료, 과장)

渡辺春奈 와타나베 하루나
(20대 후반의 부하・OL)

학습 포인트

01 なんだか恋人同士みたい
상황, 상태, 상황비교, 예시 말하기

(1) ～ている
(2) ～そうだ
(3) ～まま
(4) ～みたい(よう)だ
(5) ～らしい

02 台風が近づいてるそうですよ
전문, 인용, 설명 말하기

(1) ～という～
(2) ～そうだ
(3) 「～」と・～と
(4) ～ように
(5) ～のだ・～んだ

03 そのピアス見せてください
의뢰, 명령하기

(1) ～をください
(2) {～て／～ないで}ください
(3) お(ご)～ください

04 ここ数年、行ったことがないな
병렬, 경험 말하기

(1) ～たり～たり
(2) ～も～し、～も
(3) ～たことがある
(4) ～ことがある

05 その人にきいてみるわ
의도적 행동, 개시・계속・종료 말하기

(1) ～てみる
(2) ～てしまう
(3) ～ておく
(4) ～てある
(5) ～はじめる、～つづける、～おわる

06 もうそろそろ戻って来る頃なのに
원인・이유, 역접 말하기

(1) ～から
(2) ～ので
(3) ～けど／が
(4) ～し
(5) ～ため(に)
(6) ～のに

07 飲んだら乗るな、乗るなら飲むな
조건 말하기

(1) ～たら
(2) ～ば・～なら(ば)
(3) ～と
(4) ～ても
(5) {～ば／～たら／～と}～のに

08 どうしてやめようとしないの
의지, 결정 말하기

(1) ～よう、～ようとする、～ようと思う
(2) ～ようにする
(3) ～つもり
(4) ～ことにする
(5) ～ことになる

09 アスレチッククラブに通ったらどうですか
권유・신청, 제안 말하기

(1) ～ましょう・～よう
(2) ～ませんか
(3) ～ほうがいい
(4) ～たらどうですか

10 私も今さっき来たところ
시간관계 표현하기

(1) ～ながら
(2) ～ところ
(3) ～たばかり
(4) ～間・～間に

11 日本の物価は高すぎますよ
비교・대비 표현하기

(1) ～より～のほうが
(2) ～と～とどちらが
(3) ～は～ほど～ない
(4) ～の中で～がいちばん
(5) ～すぎる

12 ミン様が日本にいるはずないでしょう
추량 표현하기

(1) ～でしょう・～だろう
(2) ～らしい
(3) ～かもしれない
(4) ～はず

13 パワーポイント使える？
가능, 쉽고 어려움 표현하기

(1) ～(こと)ができる
(2) 可能動詞
(3) 可能の意味を持つ自動詞
(4) ～やすい／～にくい
(5) 自発

14 見たい夢を見るための機械があるんですって
희망, 목적 말하기

(1) ～ほしい
(2) ～たい
(3) ～がる
(4) {～と／～たら／～ば}いい
(5) ～てほしい
(6) ～ため(に)

15 カードで払ってもいいですか
허가・금지・의무・불필요 표현하기

(1) ～てもいい・～てもかまわない
(2) ～てはいけない
(3) {～なければ／～なくては}ならない・
　　{～なければ／～なくては／～ないと}いけない
(4) ～なくてもいい・～なくてもかまわない

16 涼しくなってきたわね
변화 말하기

(1) ～くなる・～になる
(2) ～くする・～にする
(3) ～ようになる・～なくなる
(4) ～てくる・～ていく

17 あなたの願いをかなえてさしあげましょう
수수용법 말하기

(1) ～をあげる・～をさしあげる・～をやる
(2) ～をもらう・～をいただく
(3) ～をくれる・～をくださる
(4) ～てあげる・～てさしあげる・～てやる
(5) ～てもらう・～ていただく
(6) ～てくれる・～てくださる

18 もうしばらく考えさせていただけますか
사역 표현하기

(1) ～(さ)せる
(2) ～(さ)せてもらう
(3) ～(さ)せていただく
(4) ～(さ)せてくれる
(5) ～(さ)せてくださる

19 会社、やめさせられるかな
수동, 사역수동 표현하기

(1) ～(ら)れる
(2) ～さ(せら)れる

20 お越しくださってありがとうございます
경의 표현하기

(1) お～になる(尊敬)
(2) お～する(謙譲)
(3) お～いたす(謙譲)
(4) お～です(丁寧)

차 례

머리말		3
이 책을 사용하시는 분들에게		4
학습 포인트		6

01	なんだか恋人同士みたい		9
02	台風が近づいてるそうですよ		17
03	そのピアス見せてください		25
04	ここ数年、行ったことがないな		33
05	その人にきいてみるわ		41
06	もうそろそろ戻って来る頃なのに		49
07	飲んだら乗るな、乗るなら飲むな		57
08	どうしてやめようとしないの		65
09	アスレチッククラブに通ったらどうですか		73
10	私も今さっき来たところ		81
11	日本の物価は高すぎますよ		89
12	ミン様が日本にいるはずないでしょう		97
13	パワーポイント使える?		105
14	見たい夢を見るための機械があるんですって		113
15	カードで払ってもいいですか		121
16	涼しくなってきたわね		129
17	あなたの願いをかなえてさしあげましょう		137
18	もうしばらく考えさせていただけますか		145
19	会社、やめさせられるかな		153
20	お越しくださってありがとうございます		161

부록
4컷 만화 일본어 번역　　　　　　　　　　　　　　170
롤플레이 답안례　　　　　　　　　　　　　　　　173

01 なんだか恋人同士みたい
상황, 상태, 상황 비교, 예시 말하기

【チャレンジ文型】
1. ～ている
2. ～そうだ
3. ～まま
4. ～みたい(よう)だ
5. ～らしい

▶ 일본인 같이

※ 이 만화의 일어어 번역은 〈부록 p.170〉에 있습니다.

なんだか恋人同士みたい
—小泉一郎と韓悠美／公園で—

[고이즈미 이치로와 한유미가 어디 놀러 가자고 이야기하고 있다.]

小泉　ああ、いい天気だね。

韓　　あ、そうだ。ねえ、どこか行かない？

小泉　どこに？

韓　　どこでもいいの。
　　　とにかく、電車に乗って、気の向くまま。

小泉　なんだか恋人同士みたい。

韓　　もう、一郎君らしいわね。
　　　でも、楽しそうでしょ。

小泉　ところで、お金、持ってる？

韓　　もちろんよ。

語句・表現

天気　날씨
とにかく　어쨌든, 아무튼
電車に乗る　전철을 타다
気が向く　마음이 내키다
～まま　～대로, ～채
なんだか　어쩐지, 뭔가
恋人　연인, 애인
～同士　～끼리

～みたいだ　～같다
もう　정말, 참
～らしい　～답다
～わね　여성스러운 말투에서 쓰이는 조사
楽しい　즐겁다
～そうだ　～을 것 같다
ところで　그런데
お金　돈
持つ　가지다, 들다
～てる（←～ている）　～고 있다, ~어 있다
もちろん　물론

ポイント・スタディ

❶ 〜ている　〜고 있다 (진행)

イムさんは図書館で勉強しています。
高橋さんは、今、コーヒーを飲んでいます。
外で絵を描いているのはパクさんです。

❷ 〜ている　〜어 있다 (상태)

鈴木さんは大きなベルトをしています。
金さんはサングラスをかけています。
時計が止まっている。

❸ 〜そうだ　〜을 것 같다

雪が降って子どもたちは楽しそうです。
今年の夏は暑そうです。
体によさそうなものばかり食べています。

❹ 〜まま　〜대로, 〜채

気の向くままに旅に出ます。
切らないでこのまま食べます。
ぬれたままでは風邪をひきます。

Point Study

❺ 〜みたい(よう)だ   〜같다

女みたいな男の人です。
親子のような夫婦ですね。
宝くじが当たるなんて、まるで夢を見ているようです。

❻ 〜らしい   〜답다

君らしい発想です。
女らしい人が好きです。
学生らしくない服装です。

言葉ノート

図書館 도서관	雪が降る 눈이 내리다	女 여자
勉強する 공부하다	今年 올해, 금년	男 남자
外 밖	夏 여름	親子 부모와 자식
絵を描く 그림을 그리다	暑い 덥다	夫婦 부부
大きな 큰	体 몸	宝くじ 복권
ベルト 벨트	よい 좋다	当たる 당첨되다
サングラス 선글라스	もの 물건, 것	〜なんて 〜이라니
かける (안경을) 쓰다	〜ばかり 〜만	まるで 마치
時計 시계	旅に出る 여행을 떠나다	夢を見る 꿈을 꾸다
止まる 멈추다	切る 자르다	君 너, 자네
	このまま 그대로	発想 발상
	ぬれる 젖다	服装 복장
	風邪をひく 감기에 걸리다	

会話練習

会話練習をしてみましょう！

1 〜ている

A: ¹山田さんはいつもどんな²服を³着ていますか。

B: ⁴Tシャツを⁵着ています。

| ¹チャンさん | ²ネクタイ | ³する | ⁴ストライプのネクタイ | ⁵する |

服 옷 | 着る 입다 | Tシャツ T셔츠 | ネクタイ 넥타이 | ストライプ 줄무늬

2 〜そうだ

A: もうじき¹冬ですね。

B: 今年の¹冬は²暖かそうですね。

| ¹春　²早い |

もうじき 이제 곧 | 冬 겨울 | 暖かい 따뜻하다 | 春 봄 | 早い 이르다, 빠르다

3 〜まま

A: ¹怪我したままではいけませんよ。

B: じゃあ早く²消毒します。

| ¹よごれる　²洗う |

怪我する 다치다 | 消毒する 소독하다 | よごれる 더러워지다 | 洗う 씻다

Exercises

練習の仕方 ≫ 1. ペアで話してみよう。 2. 入れ替えて話してみよう。 3. 自由に話してみよう。

4
～みたい(よう)だ

A: 二人はまるで¹夫婦みたいですよ。

B: ええ、ほんとう。

¹親子

ほんとう 정말

5
～らしい

A: ¹サークルで出会うなんて²若者らしいですね。

B: そうですか。

¹図書館　²学生

サークル 서클, 동아리 ｜ 出会う (우연히) 만나다 ｜ 若者 젊은이

01 なんだか恋人同士みたい　15

ロールプレイ   Role Play

➡ 「～ている、～みたい(よう)だ、～らしい」를 사용해서 롤플레이를 해 봅시다!

A 당신은 이 두 사람이 연인 사이라고 생각합니다. 두 사람의 옷차림이랑 모습을 설명하십시오.

B 당신은 이 두 사람이 분명 부모와 자식이라고 생각합니다. 두 사람의 옷차림이랑 모습을 설명하십시오.

単語 年上 연상 ｜ 年下 연하 ｜ 年が離れている 나이 차이가 나다 ｜ 若く見える 젊게 보이다
老けて見える 늙어 보이다 ｜ スリムだ 날씬하다 ｜ 太っている 살이 쪘다, 뚱뚱하다
派手だ 화려하다, 야단스럽다 ｜ カッコいい 멋지다 ｜ 可愛い 귀엽다 ｜ イケメン 잘생긴 남자

自由会話   自由に話し合ってみましょう！   Free Talking

1　最近、何かがんばっていることがありますか。

2　川でおぼれそうな人がいます。どうしますか。

3　日本と聞いて連想するものを、思いつくまま挙げてください。

02 台風が近づいてるそうですよ
전문, 인용, 설명 말하기

【チャレンジ文型】
1. ～という～
2. ～そうだ
3. 「～」と・～と
4. ～ように
5. ～のだ・～んだ

▶ 미국으로 유학을 간대요

※ 이 만화의 일본어 번역은 〈부록 p.170〉에 있습니다.

アップグレード会話

台風が近づいてるそうですよ
―小泉純一と渡辺春奈／会社で―

[고이즈미 준이치와 와타나베 하루나가 태풍과 출장에 대해 이야기하고 있다.]

小泉　あさっての天気、どうかな。

渡辺　台風が近づいてるそうですよ。

小泉　困ったな。

渡辺　どうしたんですか。

小泉　あさって、長崎県の佐世保というところに出張に行くんだよ。

小泉

渡辺

渡辺　ああ、例の件で行くんですか。

小泉　うん、相手側がその日に来るようにというんだ。

渡辺　大変ですね。

語句・表現

あさって　모레
台風　태풍
近づく　접근하다, 가까워지다
〜そうだ　〜고 하다
困る　곤란하다, 난처하다
〜ん(←〜の)　〜것
〜という　〜라고 하는, 〜라는

長崎県　나가사키 현
佐世保　사세보
ところ　곳, 장소
出張　출장
例の　예의, 그
件　건, 일
相手側　상대방, 상대측
〜ように　〜도록, 〜라
大変だ　힘들다

ポイント・スタディ

❶ 〜という〜   〜고 하는 〜, 〜라는 〜

　私の故郷は青森県の八戸というところです。
　山田さんはケチだといううわさです。
　小さい子どもはこわいということを知りません。

❷ 〜そうだ   〜고 하다

　あの店は水曜日に休むそうです。
　彼女の夢は外交官だそうです。
　タイの料理は辛いそうです。

❸ 「〜」と・〜と   〜라고, 〜다고

　象は「パオーン」と鳴きます。
　彼女が「すてき」と言いました。
　木村さんは親切だと思います。

Point Study

❹ ～ように ～도록, ～어라

早く来る**ように**言いました。
医者が塩辛いものは食べない**ように**と言いました。
課長が報告書を出す**ように**ということです。

❺ ～のだ・～んだ ～이다

京都の夏は蒸し暑い**ん**です。
木村さんが悪い**ん**です。
どうしていいかわからない**ん**です。

言葉ノート

故郷 고향	水曜日 수요일	医者 의사 선생님
青森県 아오모리 현	休む 쉬다	塩辛い 짜다
八戸 하치노헤	彼女 그녀, 여자 친구	課長 과장
ケチだ 인색하다	外交官 외교관	報告書 보고서
うわさ 소문	タイ 타이, 태국	出す 내다, 제출하다
小さい 어리다, 작다	料理 요리	京都 교토
こわい 무섭다	辛い 맵다	蒸し暑い 무덥다
知る 알다	象 코끼리	悪い 나쁘다
店 가게	鳴く (새, 벌레, 짐승 등이) 울다	どうしていいか 어떻게 하면 좋을지
	すてきだ 멋지다	わかる 알다, 이해하다
	親切だ 친절하다	
	思う 생각하다	

会話練習

会話練習をしてみましょう！

1 ～という～

A: ¹吉田さんという人を知っていますか。

B: ¹吉田さんはあの人です。

¹山田さん

2 ～そうだ

A: あの店は何が¹おいしいですか。

B: ²ギョーザが³おいしいそうです。

¹安い　²生活用品　³安い

おいしい 맛있다 ｜ ギョーザ 만두 ｜ 安い (가격이) 싸다 ｜ 生活用品 생활용품

Exercises

練習の仕方 ≫　1. ペアで話してみよう。　2. 入れ替えて話してみよう。　3. 自由に話してみよう。

3 〜ように

A： 何か¹注意することがありますか。

B： そうですね、²辛いものを³食べないようにと言っていました。

¹準備するもの　²雨具　³持ってくる

注意する 주의하다 ｜ 準備する 준비하다 ｜ 雨具 우비

4 〜のだ・〜んだ

A： どうして¹遅れたんですか。

B： それが、²道が混んでいたんです。

¹休んだ　²熱があった

遅れる 늦어지다 ｜ 道 길 ｜ 混む 붐비다 ｜ 熱 열

ロールプレイ Role Play

➡ 「～という～、～そうだ、～ように」를 사용해서 롤플레이를 해 봅시다!

A 당신은 B씨를 K 레스토랑에 초대해 주십시오. 하지만 당신은 K 레스토랑에 간 적이 없습니다. 친구에게 들은 레스토랑의 맛있는 메뉴, 분위기 등에 대해서 설명해 주십시오.

B 당신은 A씨로부터 K 레스토랑에 초대를 받았습니다. K 레스토랑의 맛있는 메뉴, 분위기 등에 대해서 질문해 주십시오.

単語
洋食(ようしょく)(ステーキ、ハンバーグ、トンカツ) 양식(스테이크, 햄버그 스테이크, 돈가스)
和食(わしょく)(てんぷら、寿司(すし)、うどん、そば) 일식(튀김, 초밥, 우동, 메밀국수)
中華(ちゅうか)(ちゃんぽん、酢豚(すぶた)、ギョーザ、ジャージャー麺(めん)) 중화요리(짬뽕, 탕수육, 만두, 자장면)
イタリアン(スパゲッティ、ラザニア、ピザ) 이탈리아식(스파게티, 라자니아, 피자)
サービス 서비스 ｜ 雰囲気(ふんいき) 분위기 ｜ 落(お)ち着いている 차분하다 ｜ ゴージャスだ 호화롭다
こじんまりとしている 자그마하고 아담하다 ｜ おしゃれ 멋짐

自由会話 (じゆうかいわ) 自由に話し合ってみましょう！ Free Talking

1. それぞれの住んでいるところの話をしてください。
（「～という～」などを使って）

2. あなたの友だちの好きな食べ物や俳優、趣味などについて説明してください。
（「～そうだ」「～と」などを使って）

3. 自分の詳しく知っていることを他の人に説明してください。例えば、料理のレシピ、映画、ドラマ、コンピュータなど。（「～んだ」などを使って）

03 そのピアス見せてください
의뢰, 명령하기

【チャレンジ文型】
1. 〜をください
2. {〜て／〜ないで}ください
3. お(ご)〜ください

▶ 담배 주세요

※ 이 만화의 일본어 번역은 〈부록 p.170〉에 있습니다.

アップグレード会話

そのピアス見せてください
―韓悠美（ハンユミ）と店員（てんいん）／デパートのアクセサリー売（う）り場（ば）で―

[한유미가 백화점에서 액세서리를 고르고 있다.]

韓　　すいません。ちょっとそのピアス見（み）せてください。

店員　こちらですか。どうぞ。

韓　　どうも。すてきなデザインですね。

店員　よく似（に）合（あ）ってますよ。

韓　　そうですか。じゃあ、これください。

店員　はい、ありがとうございます。2300円です。

韓　　じゃあ、これで。

店員　200円のおつりです。お確かめください。

語句・表現

店員(てんいん)　점원
デパート　백화점
アクセサリー　액세서리
売り場(うば)　매장
すいません(←すみません)　저기요, 저
ちょっと　잠시, 잠깐
ピアス　피어스

見せる(み)　보이다
～てください　~어 주십시오
デザイン　디자인
よく　잘
似合う(にあ)　어울리다
ください　주십시오
ありがとうございます　감사합니다
おつり　거스름돈
お～ください　~어 주십시오
確かめる(たし)　확인하다

ポイント・スタディ

❶　〜をください　　〜을 주십시오

すみません、その本をください。
ボールペンを3本ください。
そのキーホルダー私にください。

❷　〜てください　　〜어 주십시오

もう一度話してください。
ここに座ってください。
いつでも私を呼んでください。

❸　〜ないでください　　〜지 말아 주십시오

教室でお酒を飲まないでください。
夜遅くまでゲームしないでください。
靴をはいて部屋に入らないでください。

Point Study

❹ お～ください　～어 주십시오

白線(はくせん)の内側(うちがわ)にお下(さ)がりください。

このベンチでお休(やす)みください。

ネットショッピングをお楽(たの)しみください。

❺ ご～ください　～어 주십시오

契約内容(けいやくないよう)をご確認(かくにん)ください。

お急(いそ)ぎの方(かた)はエレベーターをご利用(りよう)ください。

アンケートにご協力(きょうりょく)ください。

言葉ノート

ボールペン　볼펜
キーホルダー　열쇠고리
もう一度(いちど)　다시 한 번
話(はな)す　이야기하다
座(すわ)る　앉다
いつでも　언제라도
呼(よ)ぶ　부르다
教室(きょうしつ)　교실

お酒(さけ)　술
夜遅(よるおそ)く　밤 늦게
ゲーム　게임
靴(くつ)　신발, 구두
はく　신다
部屋(へや)　방
入(はい)る　들어가다, 들어오다
白線(はくせん)　흰선
内側(うちがわ)　안쪽
下(さ)がる　뒤로 물러서다
ベンチ　벤치

ネットショッピング　인터넷 쇼핑
楽(たの)しむ　즐기다
契約(けいやく)　계약
内容(ないよう)　내용
確認(かくにん)　확인
お急(いそ)ぎの方(かた)　급하신 분
エレベーター　엘리베이터
利用(りよう)　이용
アンケート　설문조사
協力(きょうりょく)　협력

会話練習

会話練習をしてみましょう！

1 〜をください

A: お客様、ご注文は。

B: ¹カフェオレをください。

¹レモンスカッシュ

お客様 손님 | 注文 주문 | カフェオレ 카페오레 | レモンスカッシュ 레몬 스쿼시

2 〜てください

A: すみませんが、¹塩をとってください。

B: はい、どうぞ。

¹しょうゆ

塩 소금 | とる 집다 | しょうゆ 간장

3 〜ないでください

A: 木村さん、¹夜遅く ²ピアノを ³弾かないでください。

B: すみません。その代わり、山田さんも ⁴週末ごとに ⁵パーティーをしないでください。

¹朝早く ²洗濯 ³する ⁴夜中 ⁵大声を出す

ピアノを弾く 피아노를 치다 | その代わり 그 대신 | 週末 주말 | 〜ごと ~마다 | パーティー 파티
洗濯 빨래, 세탁 | 夜中 한밤중 | 大声を出す 큰소리를 내다

Exercises

練習の仕方 ≫ 1. ペアで話してみよう。 2. 入れ替えて話してみよう。 3. 自由に話してみよう。

4 お〜ください

A: <u>¹パスポート</u>をお<u>²見せ</u>ください。

B: はい。

| ¹航空券 ²確かめる |

パスポート 패스포트, 여권 ｜ 航空券 항공권

5 ご〜ください

A: <u>¹階段</u>では<u>²足下</u>にご注意ください。

B: はい、気をつけます。

| ¹満員電車の中 ²スリ |

階段 계단 ｜ 足下 발밑 ｜ 気をつける 조심하다, 주의하다 ｜ 満員電車 만원전철 ｜ スリ 소매치기

ロールプレイ Role Play

➡ 「〜をください、〜てください、お〜ください」를 사용해서 롤플레이를 해 봅시다!

A 당신은 임대맨션의 주인입니다. 새로 입주한 B씨 부부에게 맨션의 규칙을 설명해 주십시오.

B 당신은 부부로 임대맨션에 입주했습니다. 주인인 A씨에게 맨션의 규칙에 대해서 질문해 주십시오.

単語 ごみ捨て 쓰레기 버리기 | ペット 애완동물 | 飼う 키우다 | 騒音 소음 | 掃除 청소
洗濯 빨래, 세탁 | ピアノ 피아노 | リフォーム 리모델링 | 駐車場 주차장 | 管理室 관리실
自治会 자치회

自由会話 自由に話し合ってみましょう！ Free Talking

1　最近何か気に入ったものを買いましたか。それはどこで買いましたか。

2　1000万円あったら、あなたは何が買いたいですか。

3　グループを作って、命令ゲーム(旗あげゲームなど)をしてください。
　　(「{〜て／〜ないで}ください」や「お〜ください」を使って)

04 ここ数年、行ったことがないな

병렬, 경험 말하기

【チャレンジ文型】
1. 〜たり〜たり
2. 〜も〜し、〜も
3. 〜たことがある
4. 〜ことがある

▶ 낫토를 먹은 적이 있어요?

※ 이 만화의 일본어 번역은 〈부록 p.170〉에 있습니다.

アップグレード会話

ここ数年、行ったことがないな
―小泉純一と渡辺春奈／道端で―

[고이즈미 준이치와 와타나베 하루나가 휴일을 어떻게 지내는지 이야기하고 있다.]

渡辺　小泉さんって、休みの日にはたいてい何していますか？

小泉　どこかに出かけることもあるし、ずっとうちにいることもあるし……。

渡辺　うちではどんなことをするんですか。

小泉　テレビ見たり、昼寝したり……。

渡辺　奥さんと一緒にショッピングとかは？

小泉

渡辺

小泉　ここ数年、行ったことがないな。

渡辺　奥さんから不平が出るんじゃないですか。

小泉　いや、もうそういう段階はとっくに超えたんだよ。

語句・表現

道端　길가	〜たり　〜거나
〜って　〜은/는	昼寝する　낮잠 자다
たいてい　대체로, 대개	奥さん　부인, 사모님
出かける　외출하다	〜とか　〜라든가, 〜든가
〜こともある　〜기도 하다, 〜 일도 있다	ここ　요즘
〜し　〜고	数年　수년
ずっと　계속, 쭉	〜たことがない　〜은 적이 없다
うち　집	不平　불평
テレビ　텔레비전	段階　단계
	とっくに　옛날에, 훨씬 전에
	超える　넘다, 초월하다

ポイント・スタディ

❶ 〜たり〜たり　　〜거나 〜거나

休日(きゅうじつ)には本(ほん)を読(よ)んだりテレビを見(み)たりします。
席(せき)を立(た)ったり座(すわ)ったりして落(お)ちつかない。
雨(あめ)が降(ふ)ったり止(や)んだりと、不安定(ふあんてい)な天候(てんこう)だ。

❷ 〜も〜し、〜し　　〜도 〜고, 〜고

お寿司(すし)には、にぎりもあるし、ちらしもあるし。
木村(きむら)さんは頭(あたま)もいいし、センスもあります。
家(いえ)もあるし、車(くるま)もあるし、あとは恋人(こいびと)だ。

❸ 〜たことがある　　〜은 적이 있다

サッカーを見に行ったことがあります。
その話(はなし)は聞(き)いたことがあります。
まだ一度もデートしたことがありません。

Point Study

❹ 〜ことがある 〜을 때가 있다

ときどき忘(わす)れ物(もの)をすることがあります。
いつも白味噌(しろみそ)ですが、たまに赤味噌(あかみそ)を使(つか)うことがあります。
彼女(かのじょ)は約束(やくそく)を守(まも)らないことがよくあります。

言葉ノート

休日(きゅうじつ) 휴일	にぎり 손으로 쥐어 뭉친 초밥	忘れ物(わすもの)をする 물건을 두고 오다
読(よ)む 읽다	ちらし 생선, 달걀 부침이나 양념한 채소 등의 고명을 얹은 초밥. ちらしずし의 준말	いつも 항상, 언제나
席(せき) 자리, 좌석		白味噌(しろみそ) 흰콩과 쌀로 쑨 메주로 담근 된장
立(た)つ 서다, 일어서다	頭(あたま) 머리	たまに 가끔
落(お)ちつく 침착하다, 진정되다	センス 센스	赤味噌(あかみそ) (보리 메주를 섞어 만든) 적갈색의 된장
止(や)む 그치다	あと 나머지	使(つか)う 사용하다
不安定(ふあんてい)だ 불안정하다	サッカー 축구	約束(やくそく) 약속
天候(てんこう) 기상, 날씨	話(はなし) 이야기	守(まも)る 지키다
お寿司(すし) 초밥	聞(き)く 듣다, 묻다	よく 자주
	デート 데이트	
	ときどき 때때로	

会話練習

会話練習をしてみましょう！

1 〜たり〜たり

A: ¹恋人とどんな所に行きますか。

B: ²映画館に行ったり、³テーマパークに行ったりします。

| ¹買い物は　　²デパート　　³スーパー |

どんな 어떤 | 映画館 영화관 | テーマパーク 테마파크 | 買い物 쇼핑 | スーパー 슈퍼마켓

2 〜も〜し、〜し

A: 明日の¹パーティーには²フォーマルで行きます。

B: ²フォーマルといっても、³ドレスもあるし、⁴スーツもあるし。

| ¹ハイキング　　²楽なくつ　　³運動ぐつ　　⁴登山ぐつ |

フォーマルだ 격식 차리다 | 〜といっても ~라고 해도 | ドレス 드레스 | スーツ 정장 | ハイキング 하이킹
楽だ 편하다 | 運動ぐつ 운동화 | 登山ぐつ 등산화

Exercises

練習の仕方 ≫　1. ペアで話してみよう。　2. 入れ替えて話してみよう。　3. 自由に話してみよう。

3 ～たことがある

A: 今までに、変わった体験ってありますか。

B: そうですね。**¹バンジージャンプ**をしたことがあります。

> **¹** スカイダイビング

変わった 색다른 ｜ 体験 체험 ｜ バンジージャンプ 번지점프 ｜ スカイダイビング 스카이다이빙

4 ～ことがある

A: 吉田さんはいつも **¹早く寝**ますか。

B: ええ。でも **²勉強で ³遅く寝**ることもあります。

> **¹** 料理を作る　　**²** いそがしい　　**³** 外食する

寝る 자다 ｜ 作る 만들다 ｜ いそがしい 바쁘다 ｜ 外食する 외식하다

ロールプレイ   Role Play

➡「~たり~たり、~も~し、~し、~たことがある、~ことがある」를 사용해서 롤플레이를 해 봅시다!

A 룸메이트를 찾고 있습니다. B씨에게 휴일을 보내는 방법을 물어 보십시오. 그리고 함께 생활할 수 있을지 서로 이야기해 주십시오.

B 룸메이트를 찾고 있는 A씨의 질문에 답해 주십시오. A씨에게도 생활습관 등을 질문하고, 어울리는 룸메이트인지 서로 이야기해 보십시오.

単語　朝型 아침형 ｜ 夜型 저녁형 ｜ 音楽 음악 ｜ 食べ物 음식 ｜ 酒 술 ｜ タバコ 담배
　　　恋人 연인, 애인 ｜ トイレ 화장실 ｜ パーティー 파티 ｜ 休日 휴일

自由会話　自由に話し合ってみましょう！   Free Talking

1　休みの日はいつも何をして過ごしますか。(「~たり~たり」などを使って)

2　過去の体験について話してください。(「~たことがある」を使って)

3　初恋の経験を話してみましょう。

05 その人にきいてみるわ
의도적 행동, 개시·계속·종료 표현하기

【チャレンジ文型】
1. ～てみる　　　　2. ～てしまう　　　　3. ～ておく
4. ～てある　　　　5. ～はじめる、～つづける、～おわる

▶ 언제까지나 사랑할거야

※ 이 만화의 일본어 번역은 〈부록 p.170〉에 있습니다.

アップグレード会話

その人にきいてみるわ
―小泉一郎（こいずみいちろう）と韓悠美（ハンユミ）／小泉家で―

[고이즈미 이치로가 한유미에게 한국에 여행을 간다고 말하고 있다.]

小泉　夏休みに友だちと韓国に旅行に行くんだ。安く行く方法ないかな。

韓　　まかしといて。知り合いに旅行会社に勤めている人がいるの。その人にきいてみるわ。

小泉　ありがとう。助かるよ。

韓　　パスポートとかは、もう用意してあるの？

小泉　もちろんだよ。思いきり楽しんできちゃうもんね。

韓　　案外そのままいつづけたりして。

小泉　それもいいんじゃない。

夏休み　여름방학	勤める　근무하다, 다니다
旅行　여행	〜てみる　〜어 보다
方法　방법	助かる　(노력・비용 등이) 덜 들어서 편하다
まかす・まかせる　맡기다	用意する　준비하다
〜とく(←〜ておく)　〜어 두다/놓다	〜てある　〜어 두었다/놓았다, 〜어 있다
知り合い　서로 아는 사람, 친지	思いきり　마음껏
旅行会社　여행사	〜ちゃう(←〜てしまう)　〜어 버리다
	もん(←もの)　것
	案外　의외로
	〜つづける　계속 〜

ポイント・スタディ

❶ 　〜てみる　　〜어 보다

タイ料理を食べてみました。
新しくできたフランス料理のレストランに行ってみます。
このカクテルを飲んでみてください。

❷ 　〜てしまう(ちゃう)　　〜어 버리다

道で好きな俳優に会って驚いてしまいました。
お腹がへって弟の分まで食べてしまいました。
今日も朝帰りだなんて頭にきちゃう。

❸ 　〜ておく(とく)　　〜어 두다/놓다

階段を掃除しておいてください。
この本、図書館に返しておきます。
洗濯物、干しときます。

Point Study

❹ ～てある   ～어 두었다/놓았다, ～어 있다

食事の用意がしてあります。
好きな女優のポスターが貼ってあります。
置いてある荷物は私のです。

❺ ～はじめる、～つづける、～おわる
～ 시작하다, 계속 ～, 다 ～

最近、佐々木さんは英語の塾に通いはじめました。
夢に向かって努力しつづけます。
女の子は大きなキャンディーをやっとなめおわりました。

言葉ノート

新しい　새롭다
できる　생기다
フランス　프랑스
レストラン　레스토랑
カクテル　칵테일
俳優　배우
会う　만나다
驚く　놀라다
お腹がへる　배가 고프다

分　분, 몫
朝帰り　외박하고 이튿날 새벽에 집에 돌아옴
～なんて　～라니
頭にくる　화가 나다
掃除する　청소하다
返す　돌려주다
洗濯物　세탁물
干す　말리다
食事　식사
女優　여배우
ポスター　포스터

貼る　붙이다
置く　두다, 놓다
荷物　짐, 물건
最近　최근, 요즘
塾　학원
通う　다니다
向かう　향하다
努力する　노력하다
女の子　여자 아이
キャンディー　캔디, 사탕
やっと　겨우
なめる　빨다, 핥다

会話練習

会話練習をしてみましょう！

1 〜てみる

A: この ¹新製品を ²使ってみて。

B: なかなか ³よさそうだね。

| ¹新作ゲーム　²試す　³おもしろい |

新製品 신제품 | なかなか 상당히, 매우 | 新作ゲーム 신작 게임 | 試す 시험하다 | おもしろい 재미있다

2 〜てしまう

A: ¹朝寝坊して ²遅刻してしまいました。

B: ええっ、またですか。

| ¹忘れ物　²遅れる |

朝寝坊する 늦잠 자다 | 遅刻する 지각하다 | また 또, 다시

3 〜ておく

A: ¹来週までに ²宿題をしておいてください。

B: はい、わかりました。

| ¹午後　²書類を作成する |

〜までに ~까지(는) | 宿題 숙제 | 午後 오후 | 書類 서류 | 作成する 작성하다

Exercises

練習の仕方 ≫ 1. ペアで話してみよう。 2. 入れ替えて話してみよう。 3. 自由に話してみよう。

4
〜てある

A: ¹ケーキが ²切ってあります。

B: じゃあ、さっそく ³食べましょう。

¹ビール　²冷やす　³飲む

ケーキ 케이크 | さっそく 즉시 | ビール 맥주 | 冷やす 차게 하다

5
〜はじめる、〜つづける、〜おわる

A: ¹中村さん、²これからどうしますか。

B: もちろん、³今の仕事をしつづけます。

¹チョンさん　²10年後　³夢を追う

これから 이제부터 | 〜後 ~후 | 追う 쫓다

ロールプレイ   Role Play

➡「～ておく、～てある」를 사용해서 롤플레이를 해 봅시다!

A 당신과 B씨는 신혼부부입니다. 당신은 오늘밤, 귀가가 늦어지므로 저녁 준비를 하고 나서 외출하려고 합니다. 남편 B씨에게 전화해서 무엇을 준비하면 좋은지 물어 보십시오.

B 당신과 A씨는 신혼부부입니다. 회사에 있을 때 아내로부터 전화가 왔습니다. 오늘은 외출하기 때문에 요리를 준비해 놓는다고 합니다. 아내 A씨에게 준비해 줬으면 하는 것을 설명해 주십시오.

単語　肉料理 고기요리 | 魚料理 생선요리 | 野菜サラダ 야채샐러드 | 野菜炒め 야채볶음
スープ 수프 | 味噌汁 된장국 | 塩 소금 | コショウ 후추 | しょうゆ 간장 | ソース 소스
ドレッシング 드레싱 | マヨネーズ 마요네즈

自由会話　自由に話し合ってみましょう！　Free Talking

1　失敗談を話してください。(「～てしまう」を使って)

2　長い間、習いつづけていることがありますか。

3　なぞなぞを出し合ってみてください。

06 もうそろそろ戻って来る頃なのに

원인·이유, 역접 말하기

【チャレンジ文型】
1. ～から
2. ～ので
3. ～けど／が
4. ～し
5. ～ため(に)
6. ～のに

▶ 토요일 오후라 길도 막히고

※ 이 만화의 일본어 번역은 〈부록 p.170〉에 있습니다.

アップグレード会話

もうそろそろ戻って来る頃なのに
―小泉純一と渡辺春奈／会社で―

小泉
渡辺

[고이즈미 준이치와 와타나베 하루나가 다른 사원이 오지 않는다고 걱정하고 있다.]

小泉　おかしいな。吉沢さん、もうそろそろ戻って来る頃なのに。

渡辺　あれじゃないですか。さっきラジオで、交通事故のために環状線は渋滞だって言ってましたから。

小泉　連絡はつかないの？

渡辺　携帯は持ってると思います。ちょっと待ってください。
　　　電話をかけてみますので。

（少ししてから）

渡辺　雨は激しいし渋滞はひどいしで、遅くなったようですけど、
　　　もうすぐ着くそうです。

語句・表現

おかしい 이상하다	渋滞 정체
そろそろ 이제, 슬슬	～から ～니까
戻る 되돌아가다, 되돌아오다	連絡がつく 연락이 되다
頃 때	携帯 휴대폰
～のに ～은데	待つ 기다리다
さっき 조금 전	電話をかける 전화를 걸다
ラジオ 라디오	～ので ～기 때문에
交通事故 교통사고	激しい 심하다, 강하다
～ために ～때문에	～し ～고, ～어서
環状線 순환도로	ひどい 심하다, 지독하다
	～けど ～지만, ～은데
	着く 도착하다

ポイント・スタディ

❶ 〜から　〜니까

いやだからいや。
たくさん食べるから、お腹を壊すのよ。
バーゲンは安いから好きです。

❷ 〜ので　〜기 때문에

今すぐ来ますので、少々お待ちください。
この製品は安いので人気があります。
Lサイズですのでお客様には大きいです。

❸ 〜けど／が　〜지만

田野さんは顔は怖いけど、気は優しい。
このデザインは単純だけど気品がある。
野菜は食べるが、肉は食べない。

❹ 〜し　〜고, 〜어서

夏は暑いし、いやですね。
器量もいいし、よく気がつくし、いい嫁だ。
うまいし、安いし、最高だ。

Point Study

❺ 〜ため(に)　〜 때문에

熱のため、休みました。
雨のため、延期します。
事故があったために、遅れました。

❻ 〜のに　〜은데

こんなに好きなのに、どうしてわからないの。
父は熱があるのに会社へ行きました。
彼女は末っ子なのに、まるでお姉さんのように話す。

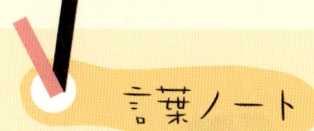
言葉ノート

いやだ　싫다
たくさん　많이
お腹を壊す　배탈나다
バーゲン　바겐세일, 염가 대매출
今すぐ　지금 바로
少々　잠시, 조금
製品　제품
人気　인기

サイズ　사이즈
顔　얼굴
気　마음
優しい　부드럽다, 상냥하다
デザイン　디자인
単純だ　단순하다
気品　기품
野菜　야채
肉　고기
器量　기량, 생김새, 용모
気がつく　자잘한 데까지 생각이 잘 미치다

嫁　며느리
うまい　맛있다
最高　최고
延期する　연기하다
事故　사고
遅れる　늦다
こんなに　이렇게
末っ子　막내

会話練習

会話練習をしてみましょう！

1 〜から

A: どうして **1**彼が嫌いなんですか。

B: **2**いつもにやけているから。

1 ピーマン　　**2** にがい

にやける 히죽거리다 | ピーマン 피망 | にがい 쓰다

2 〜ので

A: 本当にこんなに **1**安いんですか。

B: ええ、**2**産地直送ですので**3**安いんです。

1 高い　　**2** ブランド品　　**3** 高い

本当に 정말로 | 産地直送 산지직송 | 高い 비싸다 | ブランド品 브랜드품

3 〜けど

A: **1**この人、**2**お見合いの相手にどうですか。

B: **3**見た目はいいけど、**4**年がちょっと……。

1 吉田さん　　**2** お姉さん　　**3** 年齢　　**4** 背

お見合い 맞선 | 相手 상대(방) | 見た目 겉보기 | 年 나이 | 年齢 연령 | 背 키

Exercises

練習の仕方 ≫ 1. ペアで話してみよう。 2. 入れ替えて話してみよう。 3. 自由に話してみよう。

4 ～し

A: １木村さん、また２遅刻ですか。
B: ３時間に遅れるし、困ったやつだ。

| １田中さん　２欠席　３授業は休む |

時間 시간 | やつ 녀석, 놈 | 欠席 결석 | 授業 수업

5 ～のに

A: なぜ１怒っているんですか。
B: ２親切に教えたのに、３無視するんですよ。

| １泣く　２何度も手紙を書いた　３返事がない |

なぜ 왜 | 怒る 화내다 | 教える 가르치다 | 無視する 무시하다 | 泣く 울다 | 何度も 몇 번이나 | 手紙 편지
返事 답변

06 もうそろそろ戻って来る頃なのに 55

ロールプレイ   Role Play

➡ 「～から、～ので、～し、～ため(に)、～が(けど)、～のに」를 사용해서 롤플레이를 해 봅시다!

A 당신은 일본인 선배 B씨와 함께 교수를 만나러 갈 약속을 했습니다. 그런데 어떤 사정으로 늦어지게 되고 말았습니다. 휴대폰을 걸어서 A씨에게 이유를 설명하고 사과해 주십시오.

B 당신은 일본인 B씨입니다. 한국인 후배 A씨와 함께 교수를 만나러 갈 약속을 했지만, 이미 약속 시간은 지났습니다. A씨로부터 전화가 왔으니 무슨 일이 있었는지 물어 주십시오.

単語　朝寝坊 늦잠 ｜ 忘れ物 분실물 ｜ {電車／バス}を間違える {전철/버스}를 잘못 타다
{電車／バス}が来ない {전철/버스}가 오지 않다 ｜ ストライキ 스트라이크, 파업
道に迷う 길을 헤매다 ｜ 交通事故に遭う 교통사고를 당하다 ｜ 渋滞する 정체하다
故障する 고장나다 ｜ 電車が止まる 전철이 멈추다 ｜ 痴漢に{あう／間違えられる}
치한{에게 당하다/으로 오인받다}

自由会話　自由に話し合ってみましょう！   Free Talking

1　どうして日本語の勉強を始めましたか。(「～から」「～ので」などを使って)

2　これまでに何か得をしたことや損をしたことがありますか。それはなぜですか。(「～ために」などを使って)

3　友だちが遅れたら何分ぐらい待てますか。恋人だったらどうですか。

07 飲んだら乗るな、乗るなら飲むな
조건 말하기

【チャレンジ文型】
1. 〜たら
2. 〜ば・〜なら(ば)
3. 〜と
4. 〜ても
5. {〜ば／〜たら／〜と}〜のに

▶ 옷이라면 새 것을 샀어

※ 이 만화의 일본어 번역은 〈부록 p.170〉에 있습니다.

アップグレード会話

飲んだら乗るな、乗るなら飲むな
—小泉純一と吉沢康夫／食堂で—

小泉
吉沢

[고이즈미 준이치와 요시자와 야스오가 식사를 하면서 이야기하고 있다.]

小泉　お疲れさま。ま、一杯どうぞ。

吉沢　小泉さんも、どうですか。

小泉　あ、いえ、私は車で来てるので。

吉沢　大丈夫ですよ。少しぐらい飲んでも。

小泉　いや、それはまずいですよ。
　　　「飲んだら乗るな、乗るなら飲むな」っていうでしょ。

吉沢　僕みたいにうまくやれば、なんてことないのに。
今まで、飲酒運転でひっかかったことなんて1回もないですよ。

小泉　そうやって油断してると、危ないですよ。

 語句・表現

食堂　식당
お疲れさま　수고하셨습니다
ま　자
一杯　한 잔
大丈夫だ　괜찮다
ぐらい　정도
〜ても　〜어도
まずい　곤란하다
〜たら　〜었으면

〜な　〜지 마라
〜なら　〜면
うまくやる　잘 하다
〜ば　〜면
なんてことない（←なんということはない）
　　　　아무렇지 않다
飲酒運転　음주운전
ひっかかる　걸리다
〜なんて（←〜など）　〜따위
油断する　방심하다
〜と　〜면
危ない　위험하다

ポイント・スタディ

❶ 〜たら　〜었으면

よかったら食べてみてください。
いい物があったら買ってきてください。
女の子だったら「エリカ」という名前にします。

❷ 〜ば・〜なら(ば)　〜면

このお見合い、気に入らなければはっきり断ってください。
まだ仕事が終わっていないなら、私が近くまで行きますよ。
もしあなたが望むならば、どこまでもついていきます。

❸ 〜と　〜면, 〜자, 〜더니

徹夜ばかりしていると、健康によくないです。
甘いものばかり食べていると、太りますよ。
息子は家に帰ってくると、冷蔵庫の中から麦茶を出して飲み始めた。

Point Study

❹　〜ても　　〜어도

若いので夜更かししても眠くありません。
雨が降っても行事は予定どおり行います。
嫌いでも残さず食べなさい。

❺　{〜ば／〜たら／〜と}〜のに　　{〜면} 〜는데

大学生になれば時間があると思っていたのに、もっと忙しい。
お正月に来たら会えたのに。
冬になると雪が降ると思っていたのに。

　言葉ノート

近く 근처
もし 만약
望む 바라다, 원하다
ついていく 따라가다
徹夜 철야, 밤샘
健康 건강
甘い 달다
太る 살찌다
息子 아들
帰る 돌아오다, 돌아가다
冷蔵庫 냉장고
麦茶 보리차
若い 젊다

よかったら 괜찮다면
買う 사다
女の子 여자 아이
名前 이름
〜にする ~로 하다
気に入る 마음에 들다
はっきり 확실히, 분명히
断る 거절하다
仕事 일
終わる 끝나다

夜更かしする 밤 늦게까지 자지 않다
眠い 졸리다
行事 행사
予定 예정
〜どおり ~대로
行う 행하다
嫌いだ 싫어하다
残す 남다
〜なさい ~어라
もっと 훨씬
お正月 정월

07 飲んだら乗るな、乗るなら飲むな　61

会話練習

会話練習をしてみましょう！

1
～たら

A: **¹夏休みになったら**何をしますか。

B: **²アルバイト**をします。

| **¹新学期** | **²日本語の勉強** |

アルバイト 아르바이트 ｜ 新学期 신학기

2
～ば・～なら(ば)

A: ちょっと **¹コンビニ**に行ってきます。

B: **¹コンビニ**に行くなら、**²牛乳**買ってください。

| **¹スーパー** | **²たまご** |

コンビニ 편의점 ｜ 牛乳 우유 ｜ たまご 달걀

3
～と

A: 毎日 **¹お酒を飲む**と、**²体に悪い**ですよ。

B: たしかにそうですね。

| **¹夜食を食べる** | **²太る** |

毎日 매일 ｜ たしかに 분명히, 확실히 ｜ 夜食 야식

Exercises

練習の仕方 ≫ 1. ペアで話してみよう。　2. 入れ替えて話してみよう。　3. 自由に話してみよう。

4
〜ても

A: えっ、それも ¹キムチ？

B: はい、²辛くなくても ³キムチです。

| ¹スイカ　²赤い　³スイカ |

キムチ 김치 | スイカ 수박 | 赤い 붉다

5
{〜ば／〜たら／〜と}
〜のに

A: ¹鈴木さん、²コンパなのに帰るんですか。

B: ³アルバイトがなければ行くのに。

| ¹池田さん　²打ち上げ　³残業 |

コンパ 미팅 | 打ち上げ (종료)파티 | 残業 잔업

07 飲んだら乗るな、乗るなら飲むな

ロールプレイ   Role Play

➡ 다음 표를 보면서 「～たら、～ば・～なら(ば)、～と、～ても、{～ば／～たら／～と}～のに」를 사용해서 롤플레이를 해 봅시다!

メチャクチャクラブの入会規定	特典
入会金は3000円、 会費は一月1000円です。	
会費を一度に3ヶ月分払うと	5％引き
会費を一度に6ヶ月分払うと	10％引き
会費を一度に1年分払うと	30％引き
永久会員は	秘密

A 당신은 메차쿠차클럽의 회원을 모집하고 있습니다. 입회를 희망하고 있는 B씨에게 회비 납부시의 특전에 대해 설명해 주십시오.

B 당신은 메차쿠차클럽에 입회를 희망하고 있습니다. 담당하는 A씨에게 회비 납부시의 특전에 대해 물어 보십시오.

단어 会員 회원 | 募集 모집 | 会則 회칙 | 会費 회비 | 入会金 입회금 | 支払い 지불 | 特典 특전 | ～引き ~ 할인 | 紹介 소개 | 集まり 모임

自由会話   자유롭게 이야기해 봅시다!   Free Talking

1 飲酒運転についてどう思いますか。

2 朝、目が覚めたら虫になっていました。さて、どうしますか。

3 後悔していることがあれば、話してください。
   (「{～ば／～たら／～と}～のに」を使って)

08 どうしてやめようとしないの
의지, 결정 말하기

【チャレンジ文型】
1. ～よう、～ようとする、～ようと思う
2. ～ようにする
3. ～つもり
4. ～ことにする
5. ～ことになる

▶ 결혼할 생각

※ 이 만화의 일본어 번역은 〈부록 p.171〉에 있습니다.

アップグレード会話

どうしてやめようとしないの
―吉沢康夫と吉沢京子／吉沢家で―

[요시자와 야스오가 음주운전 때문에 집에서 혼나고 있다.]

京子　だから、飲酒運転はだめってあれほど言ったのに、どうしてやめようとしないの。

康夫　これからは車で行ったら、酒は飲まないことにするよ。

京子　車!?　なによ。免停なのに、まだ運転するつもりなの。

康夫　いやいや、そうじゃないけど。

京子　それに、宴会があったらどうするの。

康夫　宴会でお酒を飲んだら、代理運転を頼むことにする。

京子　代理運転なんか頼んだら、いくらかかると思ってるの。

康夫　それじゃ、宴会には出ないようにするよ……。

語句・表現

だめだ　안 되다
あれほど　그렇게, 그만큼
やめる　그만두다
〜ようとする　〜려고 하다
酒　술
〜ことにする　〜기로 하다
免停(←免許停止)　면허정지
運転する　운전하다

つもり　작정, 생각
いやいや　아니 아니
それに　게다가
宴会　연회, 잔치, 술자리
代理運転　대리운전
頼む　부탁하다
いくら　얼마나
かかる　들다
〜ようにする　〜도록 하다

ポイント・スタディ

❶ 〜よう、〜ようとする、〜ようと思う
〜하자, 〜려고 하다, 〜려고 생각하다

子どもの誕生日だから、今日は早く帰ろう。
鯉が滝を登ろうとしています。
今日中に宿題を終えようと思います。

❷ 〜ようにする　〜도록 하다

朝は早く起きるようにしています。
夜は音をたてないようにしてください。
他の人に迷惑をかけないようにします。

❸ つもり　작정, 생각

将来は、どうするつもりなんですか。
彼女にプロポーズするつもりです。
もう、大人になったつもりでいる。

Point Study

❹ 〜ことにする　〜기로 하다

彼(かれ)に頼(たの)むことにしました。

夏休みに日本へ行くことにしました。

これからはお酒を飲まないことにしました。

❺ 〜ことになる　〜게 되다

私がその仕事(しごと)を担当(たんとう)することになりました。

ようやく結婚(けっこん)することになりました。

増税(ぞうぜい)は行(おこな)わないことになりました。

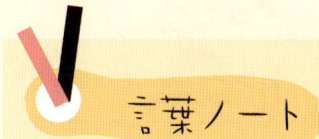
言葉ノート

今日中(きょうじゅう) 오늘 중
宿題(しゅくだい) 숙제
終(お)える 끝내다
誕生日(たんじょうび) 생일　起(お)きる 일어나다
鯉(こい) 잉어　音(おと)をたてる 소리를 내다
滝(たき) 폭포　他(ほか)の人(ひと) 다른 사람
登(のぼ)る 오르다　迷惑(めいわく)をかける 폐를 끼치다
将来(しょうらい) 장래
プロポーズ 프로포즈
大人(おとな) 어른, 성인
担当(たんとう)する 담당하다
ようやく 겨우, 간신히
結婚(けっこん)する 결혼하다
増税(ぞうぜい) 세금 인상

会話練習

会話練習をしてみましょう！

1 〜よう

A： **1**週末の予定はどうなっていますか。

B： **2**家でゆっくり休も**う**と思っています。

1今夜　　**2**まっすぐ家に帰る

ゆっくり 천천히 ｜ 今夜 오늘밤 ｜ まっすぐ 곧장

2 〜ようにする

A： また**1**遅れたの。

B： すみません。これからは**2**遅れない**ようにします**。

1忘れた　　**2**忘れない

忘れる 잊다, (물건을) 두고 오다

3 〜つもり

A： **1**あの子、**2**マスクをかぶってどうしたんですか。

B： **3**プロレスラーになった**つもり**でいるんですよ。

1吉田さん　　**2**マイクを握る　　**3**歌手

マスク 마스크 ｜ かぶる 덮어쓰다 ｜ プロレスラー 프로레슬러 ｜ マイク 마이크 ｜ 握る 잡다 ｜ 歌手 가수

Exercises

練習の仕方 >> 1. ペアで話してみよう。　2. 入れ替えて話してみよう。　3. 自由に話してみよう。

4
～ことにする

A: どうして **1**食べないんですか。

B: 実は、**2**ダイエットすることにしたんです。

| **1** 彼女が来ない　**2** 別れる |

実は 사실은 ｜ ダイエット 다이어트 ｜ 別れる 헤어지다

5
～ことになる

A: 今度、**1**ドイツに行くんだって？

B: ええ、**2**ベルリン大学に**3**留学することになりました。

| **1** 関西　**2** 大阪支店　**3** 転勤する |

今度 이번 ｜ ドイツ 독일 ｜ ベルリン大学 베를린대학 ｜ 留学する 유학하다 ｜ 関西 간사이 ｜ 大阪支店 오사카지점 ｜ 転勤する 전근하다

ロールプレイ

Role Play

➡ 「～つもり、～ようにする、～よう・～ようとする・～ようと思う、～ことにする、～ことになる」
를 사용해서 롤플레이를 해 봅시다!

A 당신은 TV 프로 「주말 백만장자」에 당선되었습니다. 이 프로그램은 배우자와 주말을 일류 호텔에서 보내고, 매일 호텔 안에서 100만 엔을 사용해야 합니다. 토·일요일에 100만 엔씩 사용한다면 1천만 엔의 상금을 받을 수 있습니다. 다만, 배우자에게 그 규칙은 비밀이고 복권이 당첨되었다고 말해야 됩니다. 배우자에게 복권이 당첨된 것과 주말을 호텔에서 보내는 것, 그리고 그곳에서의 예정에 대해서 서로 이야기해 주십시오.

B 배우자 A가 복권에 당첨되었으니 호텔에서 호화롭게 보내자고 말을 꺼냈습니다. 당신들에게는 아직 특별한 저축도 없고 장래에 대한 것을 생각하면 호화롭게 보내는 것은 무리라고 생각합니다. 두 사람이 서로 이야기해 주십시오.

単語　スウィートルーム 스위트룸 | ブティック 부티크 | イブニングドレス 이브닝드레스
カクテルパーティー 칵테일 파티 | 貯蓄 저축 | ローンの返済 대부금의 변제 | 不況 불황
賃金 임금 | 家賃 집세 | 税金 세금 | 借金 빚

自由会話

自由に話し合ってみましょう！　　Free Talking

1　今度の長期休暇には何をするつもりですか。

2　好きな人の前で特に気をつけていることがありますか。
　　（「～ようにする」などを使って）

3　あなたは独裁者です。あなたの国のきまりを作ってみてください。
　　（「～ことにする」「～ことになる」などを使って）

09 アスレチッククラブに通ったらどうですか

권유·신청, 제안 말하기

【チャレンジ文型】
1. ～ましょう・～よう
2. ～ませんか
3. ～ほうがいい
4. ～たらどうですか

▶ 파마로 해

※ 이 만화의 일본어 번역은 〈부록 p.171〉에 있습니다.

アップグレード会話

アスレチッククラブに通ったらどうですか
―韓悠美（ハンユミ）と後輩（こうはい）／大学のキャンパスで―

[한유미가 후배와 다이어트에 대해 이야기하고 있다.]

後輩　どうしたんですか。大好きなチーズケーキを残したりして……。

韓　　実は、今ダイエットしてるの。
　　　やけ食いして太っちゃったから。

後輩　でも、無理なダイエットはしないほうがいいですよ。アスレチッククラブに通ったらどうですか。有酸素運動が効果的だそうですけど。

韓　　でも私、意志が弱くて……。

後輩　じゃあ、一緒に通いませんか。私もちょうど何かする
　　　つもりでしたから。

韓　　本当、うれしいな。

後輩　スリムになって、ビキニを着ましょうよ。

語句・表現

後輩 후배
キャンパス 캠퍼스
大好きだ 매우 좋아하다
チーズケーキ 치즈케이크
やけ食い 홧김에 많이 먹음
無理だ 무리하다
〜ほうがいい 〜쪽이 좋다

アスレチッククラブ 헬스클럽
有酸素運動 유산소운동
効果的 효과적
意志 의지
弱い 약하다
〜ませんか 〜지 않을래요?
ちょうど 마침
スリムだ 날씬하다
ビキニ 비키니
〜ましょう 〜읍시다

ポイント・スタディ

❶ 〜ましょう・〜よう　　〜읍시다, 〜자

さあ、飲もう。うん、そうしよう。じゃあ、行こう。
会議が終わったら、みんなでビール飲みに行きましょうか。
一緒に韓国伝統舞踊を習いましょう。

❷ 〜ませんか　　〜지 않을래요?

一緒にお昼でも食べませんか。
冬になったら北海道の雪祭りに行きませんか。
途中まで、一緒に帰りませんか。

❸ 〜ほうがいい　　〜 쪽이 좋다

朝ごはんは食べたほうがいい。
他人にも親切にしたほうがいい。
親しいからこそ、お金の貸し借りはしないほうがいい。

Point Study

❹ 〜たらどうですか　〜면 어떨까요?

ストレスがたまるなら仕事を減らしたらどうですか。
タバコをやめたらどう。
週末ぐらいは恋人とデートしたらどうですか。

言葉ノート

	〜でも　〜라도	お金　돈
	北海道　홋카이도	貸し借り　대차
	雪祭り　눈축제	ストレス　스트레스
会議　회의	途中　도중	たまる　쌓이다
みんなで　모두 함께	朝ごはん　아침밥, 아침 식사	減らす　줄이다
伝統舞踊　전통무용	他人　타인	タバコ　담배
習う　배우다	親しい　친하다	やめる　끊다
お昼　점심	〜からこそ　〜기 때문에	

会話練習

会話練習をしてみましょう！

1 〜ましょう・〜よう

A: 一緒に ¹お昼ごはんを ²食べましょうか。

B: すみません。今日は ³先約があるんです。

¹お酒　²飲む　³用事

先約 선약 ｜ 用事 볼일

2 〜ませんか

A: ¹今度の日曜日、²映画を ³見に行きませんか。

B: いいですね。行きましょう。

¹明日　²お寿司　³食べる

Exercises

3 ～ほうがいい

A: 私は ¹魚が嫌いなんです。

B: そうですか。²好き嫌いはしないほうがいいですよ。

| ¹年下 | ²選り好み |

魚 생선, 물고기 | 好き嫌い (음식 등을) 가림 | 年下 연하 | 選り好み 좋아하는 것만을 골라 취함

4 ～たらどうですか

A: ¹僕たちは²付き合い始めて10年になります。

B: じゃあ、そろそろ³結婚したらどうですか。

| ¹私　²この会社に勤める　³独立する |

僕たち 우리들 | 付き合う 사귀다 | 勤める 근무하다 | 独立する 독립하다

09 アスレチッククラブに通ったらどうですか

ロールプレイ   Role Play

➡ 「〜ましょう・〜よう、〜ませんか、〜ほうがいい、〜たらどうですか」를 사용해서 롤플레이를 해 봅시다!

A 미용과 건강을 위해 헬스클럽에 다니려고 합니다. 친구인 B씨에게 같이 하자고 권하십시오. 거절당해도 포기하지 말고 여러 가지 좋은 점을 들어 끈질기게 권해 주십시오.

B 친구인 A씨에게 헬스클럽에 다니자고 권유를 받았지만, 별로 가고 싶지 않습니다. 여러 이유를 생각해서 거절해 주십시오.

単語　運動 운동 | 美容 미용 | 健康 건강 | 誘う 꾀다, 권하다 | 断る 거절하다
　　　しつこい 끈질기다, 집요하다 | ストレッチ 스트레치 | エクササイズ 연습, 운동
　　　筋トレ 근육 트레이닝 | マッサージ 마사지 | ランニングマシン 러닝머신
　　　バーベル 바벨 | 鉄アレイ 철제 아령 | フィットネスバイク 피트니스 자전거

自由会話　自由に話し合ってみましょう！   Free Talking

1　健康のために何かしていることはありますか。

2　太りすぎ(やせすぎ)の友だちにアドバイスをしてみましょう。

3　誰かを何かに誘ってみましょう。
　　(「〜ましょう・〜よう」「〜ませんか」などを使って)

10 私も今さっき来たところ
시간관계 표현하기

【チャレンジ文型】
1. ～ながら
2. ～ところ
3. ～たばかり
4. ～間・～間に

▶ 지금 막 왔어요

❶ 결혼 전: 남자는 30분 늦게 왔다

❷ 신혼 때: 남자는 30분 늦게 왔다

❸ 결혼 10년째: 남자는 30분 늦게 왔다

❹ 결혼 20년째: 남자는 30분 늦게 왔다

※ 이 만화의 일본어 번역은 〈부록 p.171〉에 있습니다.

アップグレード会話

私も今さっき来たところ
―小泉一郎と韓悠美／渋谷駅ハチ公前で―

[고이즈미 이치로와 한유미가 시부야에서 만나려고 나와 있다.]

韓　一郎君、こっち、こっち。

小泉　ごめん、ごめん。遅れちゃって。

韓　ううん、私も今さっき来た**ところ**。

小泉　電車の中で本読んでる**間に**二駅も乗り過ごしてしまって……。

韓　まったく、一郎君ったら。

小泉
韓

小泉　上映までまだ時間あるし、ハンバーガーでも
　　　食べながら話さない？

韓　　ハンバーガー？
　　　でも、お昼ごはん食べたばかりだし……。

小泉　だったら、コーヒーだけでも。

語句・表現

渋谷駅　시부야 역
ハチ公　하치코(주인에게 충성스러웠던 개 이름)의 동상
ごめん　미안
今さっき　방금
〜ところ　막 〜
〜間に　〜 사이에, 〜 동안에
二駅　두 역, 두 정거장
乗り過ごす　(내려야 할 정거장을) 지나치다
まったく　정말
〜(っ)たら　〜은/는
上映　상영
ハンバーガー　햄버거
〜ながら　〜면서
お昼ごはん　점심
〜ばかり　〜은 지 얼마 안 됨
だったら　그렇다면

ポイント・スタディ

❶ 〜ながら　〜면서

運転しながら電話をしないでください。
父は新聞を読みながら朝ごはんを食べます。
サメは泳ぎながら眠るそうです。

❷ 〜ところ　막〜

今から会いに行くところです。
ちょうど今、準備しているところです。
やっと終わったところです。

❸ 〜(た)ばかり　〜은 지 얼마 안 됨

一週間前に韓国に来たばかりです。
会議はさっき終わったばかりです。
彼女はまだ結婚したばかりです。

Point Study

❹ 〜間・〜間に　〜 사이에, 〜 동안에

試験を受けている間、教室はシーンとしている。
休みの間、ずっと山にいた。
ボーッとしている間に全てが終わった。

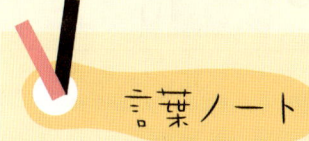
言葉ノート

新聞　신문
サメ　상어
泳ぐ　헤엄치다

眠る　자다
一週間　일주일, 한 주
試験を受ける　시험을 보다
シーンとする　쥐 죽은 듯 고요하다
ボーッとする　멍하다
全て　전부, 모두

10 私も今さっき来たところ　85

会話練習

会話練習をしてみましょう！

1 ～ながら

A: １木村部長のクセ、知っていますか。

B: ええ、２説教しながら３ステップ踏むことでしょう。

| １吉田先生　２黒板に書く　３リズムを取る |

部長 부장 | クセ 버릇 | 説教する 설교하다 | ステップ 스텝 | 踏む 밟다 | 黒板 칠판 | リズムを取る 리듬을 맞추다

2 ～ところ

A: 今から１レポートを出しに行くところです。

B: そうですか。私は２出してきたところです。

| １食事する　２食べる |

レポート 리포트

Exercises

練習の仕方 ≫ 1. ペアで話してみよう。　2. 入れ替えて話してみよう。　3. 自由に話してみよう。

3 ～たばかり

A: いつ、¹その話を聞きましたか。

B: ²さっき ³聞いたばかりです。

¹木村さんに会う　²昨日　³会う

4 ～間・～間に

A: あれ、¹宿題もう終わったの?

B: うん。お兄さんが²テレビを見ている間に³やったよ。

¹食事　²お酒を飲む　³食べる

やる 하다

ロールプレイ　　　　　　　　　　　　　　　　　　　　　　Role Play

➡ 「〜ながら、〜ところ、〜たばかり、〜間・〜間に」를 사용해서 롤플레이를 해 봅시다!

A 당신은 거북입니다. 거북의 세계에서는 "토끼와 거북"의 이야기가 정사로서 전해지고 있습니다. 토끼 B씨에게 거북이 이긴 "토끼와 거북"의 줄거리를 이야기해 주십시오.

B 당신은 토끼입니다. 토끼의 세계에서는 "토끼와 거북"의 이야기는 역사 왜곡이라고 되어 있습니다. A씨의 이야기를 듣고 사실은 토끼가 속아 있는 것이라고 말해 주십시오.

単語	正々堂々(せいせいどうどう) 정정당당	がんばる 분발하다	休(やす)まない 쉬지 않다	こつこつと 꾸준히
油断(ゆだん)する 방심하다	紳士協定(しんしきょうてい) 신사협정	待(ま)ちくたびれる 기다리다 못해 지치다
昼寝(ひるね) 낮잠	素通(すどお)りする (들르지 않고) 그냥 지나치다	卑怯(ひきょう)だ 비겁하다

自由会話　　自由(じゆう)に話(はな)し合(あ)ってみましょう!　　　　　　　Free Talking

1. 同時に二つ以上の動作をよくすることがあれば、話してください。
   (「〜ながら」を使って)

2. つい最近の出来事について話してください。
   (「〜たところだ」「〜たばかりだ」などを使って)

3. 寝ている間にもしもこんなことが起こったらと、いろいろ想像してみましょう。

11

日本の物価は高すぎますよ

비교 · 대비 표현하기

【チャレンジ文型】
1. 〜より〜のほうが
2. 〜と〜とどちらが
3. 〜は〜ほど〜ない
4. 〜の中で〜がいちばん
5. 〜すぎる

▶ 목욕은 뜨거운 것이 최고야

※ 이 만화의 일본어 번역은 〈부록 p.171〉에 있습니다.

アップグレード会話

日本の物価は高すぎますよ
―小泉純一と韓東源/カフェで―

[고이즈미 준이치와 한동원이 한국과 일본의 물가에 대해 이야기하고 있다.]

小泉　日本と韓国とどっちが物価が高いですか。

韓　そりゃ、韓国より日本のほうが高いでしょう。日本の物価は高すぎますよ。世界の都市の中でも東京がいちばん高いんじゃないですか。

小泉　韓国の物価は安いんですか。

韓　韓国の物価もどんどん上がっていますから、そんなに安くはないですけど、それでも日本ほど高くはないですよ。

小泉　レートの問題もあるんでしょうけどね。

韓　　まあ、それもあるでしょうね。

語句・表現

カフェ 카페
〜と〜とどっちが　~와 ~ 중 어느 쪽이
どっち　어느 쪽
物価　물가
そりゃ(←それは)　그건, 그거야
〜より　~보다
〜より〜のほうが　~보다 ~쪽이
〜すぎる　너무 ~

世界　세계
都市　도시
〜の中で〜がいちばん　~ 중에서 ~이 가장
いちばん　가장, 제일
どんどん　점점
上がる　오르다
そんなに　그렇게, 그다지
〜ほど　~만큼
〜は〜ほど〜ない　~은 ~만큼 ~지 않다
レート　환율
問題　문제

ポイント・スタディ

❶　〜より〜のほうが　　〜보다 〜쪽이

キウイよりいちごのほうが甘いです。
夏は山より海のほうが楽しいと思います。
日本の俳優より韓国の俳優のほうがマッチョだと思うけど。

❷　〜と〜とどちらが　　〜와 〜중에서 어느 쪽이

韓国では野球とサッカーとどちらが人気がありますか。
この魚はさしみにするのと焼くのとどっちがおいしいですか。
イムさんと林さんとどちらが若いですか。

❸　〜は〜ほど〜ない　　〜은 〜만큼 〜지 않다

木村さんは田中さんほど背が高くないです。
ソウルは北海道ほど寒くないです。
私は今は昔ほど酒を飲みません。

Point Study

❹ ～の中で～がいちばん　　～중에서 ～가 가장

花(はな)の中でかすみ草(そう)がいちばんかわいいです。
韓国料理(かんこくりょうり)の中で何がいちばん辛(から)いですか。
バチカンは世界(せかい)の中でいちばん小(ちい)さい国(くに)です。

❺ ～すぎる　　너무 ～

山口(やまぐち)さんは頭(あたま)がよすぎます。
毎日忙(まいにちいそが)しすぎてストレスがたまります。
幸(しあわ)せすぎてどうしよう。

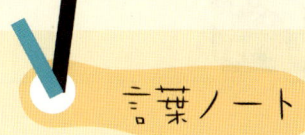
言葉ノート

	野球(やきゅう) 야구	かすみ草(そう) 안개꽃
	さしみ 생선회	かわいい 귀엽다
	焼(や)く 굽다	バチカン 바티칸
キウイ 키위	背(せ)が高(たか)い 키가 크다	世界(せかい) 세계
いちご 딸기	ソウル 서울	国(くに) 나라, 국가
マッチョ 몸짱	昔(むかし) 옛날	幸(しあわ)せ 행복, 행운

会話練習

会話練習をしてみましょう！

1
～より～のほうが

A: ¹ロックと ²ジャズのどちらが ³うるさいですか。

B: ⁴ジャズより ⁵ロックの方が ⁶うるさいです。

| ¹英語 | ²日本語 | ³上手だ | ⁴英語 | ⁵日本語 | ⁶上手だ |

ロック 로큰롤 | ジャズ 재즈 | うるさい 시끄럽다 | 上手だ 잘하다, 능숙하다

2
～と～とどちらが

A: ¹サッカーは ²するのと ³見るのとどちらが ⁴楽しいですか。

B: もちろん ⁵するのが ⁶楽しいです。

| ¹料理 | ²作る | ³食べる | ⁴好きだ | ⁵食べる | ⁶好きだ |

3
～は～ほど～ない

A: ¹バスは ²便利ですか。

B: はい、²便利ですが、³バスは ⁴地下鉄ほど ⁵便利じゃないです。

| ¹キムチチゲ | ²辛い | ³キムチチゲ | ⁴ビビム冷麺 | ⁵辛い |

バス 버스 | 便利だ 편리하다 | 地下鉄 지하철 | キムチチゲ 김치찌개 | ビビム冷麺 비빔냉면

Exercises

練習の仕方 ≫ 1. ペアで話してみよう。 2. 入れ替えて話してみよう。 3. 自由に話してみよう。

4
〜の中で〜がいちばん

A: 今まで <u>¹もらったプレゼント</u>の中で、<u>²何</u>がいちばん <u>³嬉しかった</u>ですか。

B: <u>⁴手づくりのケーキ</u>がいちばん <u>⁵嬉しかった</u>です。

| ¹旅行したところ   ²どこ   ³いい   ⁴エジプト   ⁵いい |

もらう 받다 | プレゼント 선물 | 嬉しい 기쁘다 | 手づくり 손수 만듦 | エジプト 이집트

5
〜すぎる

A: <u>¹この道</u>はどうですか。

B: <u>²車</u>が <u>³多すぎて</u>大変です。

| ¹この科目   ²宿題   ³難しい |

多い 많다 | 科目 과목 | 難しい 어렵다

11 日本の物価は高すぎますよ 95

ロールプレイ

Role Play

➡ 「〜より〜のほうが、〜と〜とどちらが、〜は〜ほど〜ない、〜の中で〜がいちばん、〜すぎる」를 사용해서 롤플레이를 해 봅시다!

A 당신은 시골 쥐입니다. 도시 쥐 B씨를 만나러 서울에 왔습니다. 그러나 도시보다 시골 쪽이 좋다고 생각합니다. 도시 쥐 B씨에게 도시와 시골을 비교하며 시골의 좋은 점을 이야기해 주십시오.

B 당신은 서울에 살고 있는 도시 쥐입니다. 시골에서 시골 쥐 A씨가 만나러 왔습니다. 당신은 시골보다 도시 쪽이 좋다고 생각합니다. 시골 쥐 A씨에게 도시와 시골을 비교하며 도시의 좋은 점을 이야기해 주십시오.

単語 野ねずみ 들쥐 | 家ねずみ 집쥐 | 自由 자유 | 自然 자연 | 大気汚染 대기오염 | 公害 공해
スモッグ 스모그 | 空気 공기 | 交通 교통 | 地下鉄 지하철 | 人情 인정 | えさ 먹이
木の実 나무 열매 | 残飯 음식물 쓰레기 | 山 산 | 野原 들, 들판
屋根裏 다락방, 지붕 밑 | 床下 마루 밑 | ドブ 시궁창, 하수구 | わな 올가미 | 猫 고양이

自由会話

自由に話し合ってみましょう！　　　　　　　　　　　　　　　　　Free Talking

1　地下鉄とバスとどちらが便利ですか。

2　食べ物のなかで何がいちばん好きですか。

3　値段が高すぎると思うものは何ですか。

12 ミン様が日本にいるはず ないでしょう

추량 표현하기

【チャレンジ文型】
1. ～でしょう・～だろう
2. ～らしい
3. ～かもしれない
4. ～はず

▶ 안 올지도 몰라

※ 이 만화의 일본어 번역은 〈부록 p.171〉에 있습니다.

アップグレード会話

ミン様が日本にいるはずないでしょう
―韓悠美（ハンユミ）と小泉千秋（こいずみちあき）／喫茶店で―

[한유미와 고이즈미 지아키가 한국 배우에 대해 이야기하고 있다.]

小泉　びっくりしたわ。このあいだ、熱海（あたみ）でミン様（さま）そっくりの人を見たのよ。

韓　　まさか、あの有名（ゆうめい）なミン様が日本にいる**はずないでしょう**。

小泉　でも、時々（ときどき）お忍（しの）びで日本に来てるっていう噂（うわさ）よ。本物（ほんもの）**かもしれない**わ。

韓　　たしかに、休みは海外（かいがい）で過（す）ごすことが多い**らしい**けど。まさか熱海に……。行くとしたら、渋谷（しぶや）あたり**だろう**と思いますよ。

小泉　そうね。ただのそっくりさんだったかもしれないわね。

韓　　ところでおばさん、彼の魅力って何ですか。

小泉　礼儀正しいし、それに何といってもあの優しい笑顔が
　　　最高なのよ。

語句・表現

喫茶店　커피숍
びっくりする　깜짝 놀라다
このあいだ　요전, 일전
熱海　아타미(온천 관광지)
そっくり　빼닮음
まさか　설마
有名だ　유명하다
〜はずがない　〜을 리가 없다
お忍び　비밀리
本物　진짜
〜かもしれない　〜을지도 모르다

たしかに　확실히, 하기야, 하기는
海外　해외
過ごす　지내다
〜らしい　〜라고 하다
〜としたら　〜라고 하면
〜あたり　〜쯤
〜だろうと思う　〜을 것이라고 생각하다
ただの　그냥
ところで　그런데
魅力　매력
礼儀正しい　예의 바르다
それに　게다가
何といっても　뭐니 뭐니 해도, 무엇보다
笑顔　웃는 얼굴

ポイント・スタディ

❶ 〜でしょう・〜だろう　〜을 것입니다

明日は雨が降るでしょう。
彼はもう来ないでしょう。
いつまでたっても、未練が残るだろう。

❷ 〜らしい　〜라고 하다

あの二人は結婚するらしいですよ。
あの会社は危ないらしいです。
どうもウイルスに感染したらしい。

❸ 〜かもしれない　〜을지도 모르다

まだ、寒いかもしれないね。
いつか再び、めぐり合うかもしれません。
ひょっとすると、勘違いかもしれない。

Point Study

❹ 〜はず　〜을 것, 〜을 리

そんな**はず**がありません。
彼ならきっと、そうする**はず**です。
もうそろそろ来る**はず**なんだけど……。

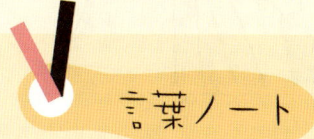
言葉ノート

たつ　(시간이) 지나다, 경과하다
未練　미련
残る　남다
どうも　아무래도

ウイルス　바이러스
感染する　감염되다
再び　다시
めぐり合う　오랜만에 우연히 만나다
ひょっとすると　어쩌면, 혹시
勘違い　착각
きっと　반드시, 꼭

会話練習

会話練習をしてみましょう！

1 ～でしょう・～だろう

A: 先生、私の ¹仕事運は。

B: 今年は ²うまくいかないでしょう。

| ¹結婚運 　²良縁がある |

仕事運 직업운 | うまくいく 잘 되다 | 結婚運 결혼운 | 良縁 좋은 인연

2 ～らしい

A: ¹犯人は誰かな。

B: どうも、²ルパンらしいですよ。

| ¹犯人を捕まえた人　²ホームズさん |

犯人 범인 | ルパン 루팡 | 捕まえる 붙잡다 | ホームズさん 셜록 홈즈

Exercises

練習の仕方 ≫ 1. ペアで話してみよう。 2. 入れ替えて話してみよう。 3. 自由に話してみよう。

3 〜かもしれない

A: 誰か、¹車を持っていないかしら。

B: ²木村さんなら、持っているかもしれませんよ。

¹電子辞書　　²吉田さん

電子辞書 전자사전

4 〜はず

A: ¹そんなことする人、いるはずないですよ。

B: いや、²木村さんなら、きっとするはずです。

¹はしでパンを食べる人　　²吉田さん

いや 아니 | はし 젓가락 | パン 빵

ロールプレイ   Role Play

➡ 다음 그림을 보면서 「~でしょう・~だろう、~らしい、~かもしれない、~はず」를 사용해서 롤플레이를 해 봅시다!

A 그림을 보고 거기에 그려져 있는 것은 무엇인지 B 씨에게 설명해 주십시오.

B 그림을 보고 거기에 그려져 있는 것은 무엇인지 A 씨에게 설명해 주십시오.

単語 だまし絵 시각적인 착각을 이용한 그림 | 心理 심리 | テスト 테스트 | 説明 설명 | 人 사람
顔 얼굴 | 壷 단지, 항아리 | 婦人 부인 | 老婆 노파 | 帽子 모자 | 背景 배경

自由会話   自由に話し合ってみましょう!   Free Talking

1. 人間はどうして嘘をつくのでしょうか。
   (「~だろうと思う」などを使って)

2. どうしたら宝くじにあたるでしょうか。
   (「~かもしれない」などを使って)

3. 死後の世界(霊魂／UFO／永遠の愛)はあると思いますか。
   (「~はずだ／はずがない」などを使って)

104

13 パワーポイント使える？
가능, 쉽고 어려움 표현하기

【チャレンジ文型】
1. ～(こと)ができる　2. 可能動詞　3. 可能の意味を持つ自動詞
4. ～やすい／～にくい　5. 自発

▶ 컴퓨터 수리할 수 있어?

※ 이 만화의 일본어 번역은 〈부록 p.171〉에 있습니다.

アップグレード会話

パワーポイント使える？
―小泉純一と渡辺春奈／会社で―

[고이즈미 준이치가 와타나베 하루나에게 파워포인트 사용법에 대해 묻고 있다.]

小泉　渡辺さん、パワーポイント使える？

渡辺　もちろんですよ。最近のコンピュータは使いやすいですから。

小泉　どうやったら、使い方を覚えることができるのかな。

渡辺　マニュアルを見れば分かると思いますけど。

 小泉
 渡辺

小泉　マニュアルならここにあるけど、何度見てもちんぷんかんぷんなんだよ。

渡辺　そうですね。課長の世代には少し分かりにくいかもしれませんね。

小泉　昔は手書きでよかったんだけど……。
娘のような年の子に教わるとは、なんだか泣けるなあ。

語句・表現

パワーポイント　파워포인트
使える　쓸 수 있다
コンピュータ　컴퓨터
〜やすい　〜기 쉽다
使い方　사용법
覚える　외우다, 익히다
〜ことができる　〜을 수 있다

マニュアル　설명서, 매뉴얼
ちんぷんかんぷん　전혀 모르겠음
世代　세대
〜にくい　〜기 어렵다
手書き　손으로 씀
娘　딸
教わる　배우다
なんだか　왠지, 어쩐지
泣ける　눈물이 나다

ポイント・スタディ

❶ 〜(こと)ができる　〜을 할 수 있다

やっと鉄棒で逆上がりができました。

日本語の新聞を読むことができます。

この映画は18歳未満の人は見ることができません。

❷ 可能動詞　〜을 수 있다

このパソコン、旧式だけどまだ使えます。

バス一本で学校まで行けます。

このスルメ、入れ歯でもかめますか。

❸ 可能の意味を持つ自動詞

コンタクトレンズを入れたら、よく見えます。

このかばんは荷物がたくさん入りません。

静かなので、小さな声もよく聞こえます。

Point Study

❹ 〜やすい／〜にくい　〜기 쉽다/〜기 어렵다

このペンは安いけど書きやすいです。
この肉はかたくて食べにくいです。
旅行の時は歩きやすい靴を履きましょう。

❺ 自発

昔のことが思い出される。
最近年のせいかドラマを見ると泣けてしまう。
学生たちの元気な姿を見ると若さが感じられる。

言葉ノート

鉄棒 철봉	スルメ 오징어	かたい 딱딱하다
逆上がり (철봉에서) 거꾸로 오르기	入れ歯 틀니	時 때
未満 미만	かむ 씹다, 물다	歩く 걷다
パソコン 퍼스널컴퓨터, PC	コンタクトレンズ 콘택트렌즈	思い出す 생각나다
旧式 구식	入れる 넣다	年のせい 나이 탓
バス一本 버스 한 번	見える 보이다	ドラマ 드라마
	小さな 작은	元気だ 건강하다
	声 목소리	姿 모습
	聞こえる 들리다	若さ 젊음
	ペン 펜	感じる 느끼다

13 パワーポイント使える？

会話練習

会話練習をしてみましょう！

1
～(こと)ができる

A: ¹大人になったら何ができますか。

B: ²お酒を飲むことができますよ。

| ¹大学生　　²いろんなこと |

いろんな 여러 가지

2
可能動詞

A: ¹焼酎、²飲めますか。

B: ³少しだったら⁴飲めますよ。

| ¹ホラー映画　　²見る　　³友だちと一緒　　⁴見る |

焼酎 소주 ｜ ホラー映画 호러 영화, 공포영화

3
可能の意味を持つ自動詞

A: どうしたんですか。

B: ¹山奥なので²携帯電話が³つながらないんです。

| ¹街中　　²電話の声　　³聞こえる |

山奥 산속 ｜ 携帯電話 휴대전화 ｜ つながる 연결되다 ｜ 街中 시내, 시가지

Exercises

練習の仕方 >> 1. ペアで話してみよう。 2. 入れ替えて話してみよう。 3. 自由に話してみよう。

4 〜やすい／〜にくい

A: **1** 5000円ですか。その **2** ペンは高いですね。

B: でも **3** 書きやすいですよ。

| **1** 50万円　　**2** パソコン　　**3** 使う |

5 自発

A: **1** チャン・ドンゴンは **2** かっこいいですね。

B: そうですね。**3** オーラが感じられますね。

| **1** マドンナ　　**2** セクシーだ　　**3** フェロモン |

かっこいい 멋지다 ｜ オーラ 오라 ｜ セクシーだ 섹시하다 ｜ フェロモン 페로몬

13 パワーポイント使える？ 111

ロールプレイ Role Play

➡ 「～(こと)ができる、可能動詞、可能の意味を持つ自動詞」를 사용해서 롤플레이를 해 봅시다!

A 당신은 파견회사의 면접을 받으러 왔습니다. 사람이 매우 많습니다. 당신이 잘하는 것이나 할 수 있는 것들을 여러 가지 말해서 자신을 어필해 주십시오.

B 당신은 파견회사의 면접을 하고 있습니다. 다양한 능력이 있는 건강한 사람을 채용하고 싶습니다. 면접을 받으러 온 A씨에게 질문해 주십시오.

単語
外国語 외국어 ｜ 資格 자격 ｜ 日本語能力検定 일본어 능력 검정 ｜ ＯＰＩ 회화 능력 검정
初級 초급 ｜ 中級 중급 ｜ 上級 고급 ｜ 会話 회화 ｜ 運転 운전 ｜ 書道 서예
そろばん 주판 ｜ かくし芸 숨은 재주 ｜ 歌 노래 ｜ 踊り 춤 ｜ マジック 매직
お笑い／コメディー 코미디 ｜ 物まね 흉내 ｜ 酒 술 ｜ 体力 체력

自由会話　自由に話し合ってみましょう！　Free Talking

1　得意なこと、苦手なことは何ですか。
　　(「～(こと)ができる」「～(こと)ができない」などを使って)

2　超能力があれば、どんなことができるでしょうか。

3　発音しにくいのはどんな言葉ですか。

14 見たい夢を見るための機械があるんですって

희망, 목적 말하기

【チャレンジ文型】
1. ～ほしい
2. ～たい
3. ～がる
4. {～と／～たら／～ば}いい
5. ～てほしい
6. ～ため(に)

▶ 장난감 갖고 싶어

※ 이 만화의 일본어 번역은 〈부록 p.171〉에 있습니다.

アップグレード会話

見たい夢を見るための機械があるんですって
―小泉千秋（こいずみちあき）と林景淑（イムギョンスク）／小泉家で―

小泉
林

[임경숙과 고이즈미 지아키가 꿈꾸는 기계에 대해 이야기하고 있다.]

小泉　最近、変な夢ばっかり見るって言ってたでしょう？ 知ってる？ 見たい夢を見るための機械があるんですって。

林　本当？ 効き目があるなら、ほしいわね。

小泉　効き目はあるらしいわよ。

林　いくらぐらいするのかしら。安かったらいいのに。

小泉　それが、15000円ぐらいするんだって。

林　残念。ちょっと夫には買ってほしいって言えない値段ね。

小泉　意外とご主人もほしがるんじゃない？

語句・表現

変だ　이상하다
〜ばっかり(←〜ばかり)　〜만
〜たい　〜고 싶다
〜ための　〜위한
機械　기계
効き目　효과, 효능

ほしい　갖고 싶다, 사고 싶다
〜たらいい　〜었으면 좋겠다
残念だ　유감스럽다, 아쉽다
夫　남편
〜てほしい　〜기 바라다
値段　값, 가격
意外と　의외로
ご主人　부군, 남편
〜がる　〜고 싶어 하다

ポイント・スタディ

❶ 〜ほしい　〜을 갖고 싶다, 〜을 사고 싶다

なにか冷たいものが**ほしい**。

新車が**ほしい**です。

子どものころから天体望遠鏡が**ほしかった**んです。

❷ 〜たい　〜고 싶다

早く大きくなり**たい**。

今度の大会では優勝し**たい**です。

世界中、あちこち旅行し**たい**です。

❸ 〜がる　〜고 싶어하다

少年は早く大人になりた**がり**ます。

赤ちゃんが、お母さんのおっぱいをほし**がって**います。

犬が散歩に行きた**がる**。

❹ {〜と／〜たら／〜ば}いい　{〜었으면} 좋겠다

お母さんが早く帰ってくる**と**いいな。

早く退院でき**たら**いいのにな。

言ったとおりにすれ**ば**いいんでしょう。

Point Study

❺ 〜てほしい　〜기 바라다

早く来てほしい。
いい加減に帰ってほしいです。
いつまでも、子ども扱いしないでほしい。

❻ 〜ため(に)　〜 위한, 〜 위해

国際平和のために働く。
彼は医者になるための勉強をしています。
君主のために下僕がいて、キミのためにボクがいるんだよ。

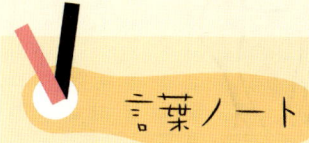
言葉ノート

世界中　전 세계
あちこち　이곳저곳
少年　소년
赤ちゃん　아기
おっぱい　젖
散歩　산책
退院　퇴원
〜とおり　〜 대로

いい加減に　이제 슬슬, 되는 대로
扱い　취급
国際平和　국제 평화
働く　일하다
君主　군주
下僕　종, 하인

冷たい　차갑다
新車　새 차
天体望遠鏡　천체망원경
大会　대회
優勝する　우승하다

会話練習

会話練習をしてみましょう！

1 〜ほしい

A: ¹お土産、何がほしいですか。
B: そうですね、²民芸品なんかいいですね。

¹誕生日のプレゼント　²ネックレス

お土産 토산물, 선물 ｜ 民芸品 민예품 ｜ ネックレス 목걸이

2 〜たい

A: 今度の週末、¹どこに行きたいですか。
B: そうですね、²済州島に行きたいですね。

¹何をする　²ゴルフをする

ゴルフ 골프

Exercises

練習の仕方 >> 1. ペアで話してみよう。　2. 入れ替えて話してみよう。　3. 自由に話してみよう。

3 〜がる

A: お兄さん、¹禁煙したそうですね。
B: ええ、でも、すぐ²吸いたがるんです。

¹禁酒　²飲む

禁煙する 금연하다 ｜ 吸う 피우다 ｜ 禁酒 금주

4 〜ため(に)

A: 何のために¹貯金をしているんですか。
B: ²世界一周をするためです。

¹練習　²優勝

貯金 저금 ｜ 世界一周 세계일주 ｜ 練習 연습

14 見たい夢を見るための機械があるんですって　119

ロールプレイ Role Play

➡ 「～ほしい、～たい、{～と／～たら／～ば}いい、～てほしい、～ため(に)」를 사용해서 롤플레이를 해 봅시다!

A 여기는 동화나라 가정재판소이고, 당신은 평소 계모에게 괴롭힘을 당하고 있는 신데렐라입니다. 계모 B씨에 대한 불만이나 하기 바라는 것, 하지 말기를 바라는 것을 말하십시오. 또한 계모의 주장도 들어 주십시오.

B 여기는 동화나라 가정재판소이고, 당신은 신데렐라의 계모입니다. 당신이 보기에 신데렐라는 여성답지 않습니다. 그래서 장래를 위해 가사 등을 시키고 있습니다. 신데렐라의 주장을 듣고 자신의 교육방침에 대해서도 설명해 주십시오.

単語　人の話を聞かない 다른 사람의 이야기를 듣지 않다 ｜ 差別をする 차별을 하다
　　　仕事ばかりさせる 일만 시키다 ｜ 小言が多い 잔소리가 많다 ｜ 言葉遣いが悪い 말투가 나쁘다
　　　行儀が悪い 버릇이 없다 ｜ 作法がない 예의 범절이 없다 ｜ 女性らしくない 여성스럽지 않다
　　　家事が出来ない 집안일을 못 하다

自由会話　自由に話し合ってみましょう！ Free Talking

1　今いちばんほしいもの、買いたいものは何ですか。

2　もし三つの願いがかなうとしたら、どんなことを願いますか。

3　外国語が上達するためには、どうしたらいいですか。

15 カードで払ってもいいですか

허가 · 금지 · 의무 · 불필요 표현하기

【チャレンジ文型】
1. ～てもいい・～てもかまわない　　2. ～てはいけない
3. {～なければ／～なくては}ならない・{～なければ／～なくては／～ないと}いけない
4. ～なくてもいい・～なくてもかまわない

▶ 아버지라고 불러도 될까요

※ 이 만화의 일본어 번역은 〈부록 p.172〉에 있습니다.

アップグレード会話

カードで払ってもいいですか
―小泉千秋と受付／会員制エステの受付で―

[고이즈미 지아키가 에스테틱 클럽에 입회하려고 하고 있다.]

小泉　あのう、こちらに入会したいんですけど。

受付　はい。それでは、申し込み用紙に必要事項をご記入ください。

小泉　住所も書かないといけませんか。

受付　メールアドレスがあれば、書かなくてもかまいません。
　　　いろいろなご案内をしなくてはいけませんので、どちらかをお書きください。

小泉

受付

小泉　会費はカードで払ってもいいですか。

受付　ええ、けっこうです。

 語句・表現

受付 접수
会員制 회원제
エステ(←エステティック) 에스테틱
入会する 입회하다
申し込み用紙 신청 용지
必要事項 필요 사항
記入 기입
住所 주소

〜ないといけない 〜어야 하다
メールアドレス 메일 주소
〜なくてもかまわない 〜지 않아도 되다
案内 안내
〜なくてはいけない 〜어야 하다
会費 회비
カード 카드
払う 지불하다
〜てもいい 〜어도 좋다
けっこうだ 괜찮다

ポイント・スタディ

❶ 〜てもいい・〜てもかまわない 　〜어도 좋다

安ければ多少まずくてもいいです。
似合っていたら少しサイズが大きくてもかまいません。
元気になったので、少しお酒を飲んでもかまいません。

❷ 〜てはいけない 　〜어서는 안 되다

図書館の中で話をしてはいけません。
ここでタバコを吸ってはいけません。
電車の中で携帯電話をかけてはいけません。

❸ {〜なければ／〜なくては}ならない・{〜なければ／〜なくては／〜ないと}いけない
〜어야 하다, 〜지 않으면 안 되다

教室では静かにしなければなりません。
寮には11時までに帰らなくてはいけません。
未成年者は親の同意を得ないといけません。

Point Study

❹ ～なくてもいい・～なくてもかまわない
～지 않아도 되다

ハンドバッグは預けなくてもいいです。
そのビデオは明日返さなくてもかまいません。
講義の内容をノートしなくてもかまいませんか。

言葉ノート

多少 다소
まずい 맛없다
似合う 어울리다
寮 기숙사
未成年者 미성년자

親 부모님
同意 동의
得る 얻다
ハンドバッグ 핸드백
預ける 맡기다
ビデオ 비디오
講義 강의
ノートする 노트에 필기하다

会話練習

会話練習をしてみましょう！

1 ～てもいい・～てもかまわない

A: ¹硬いものを ²食べてもいいですか。

B: いいえ、当分 ³硬いものは ⁴食べないでください。

| ¹お酒 | ²飲む | ³お酒 | ⁴飲む |

当分 당분간

2 ～てはいけない

A: ¹卒業するにはどうすればいいですか。

B: ²英語の試験に ³合格しなくてはいけません。

| ¹資格を取る | ²講習会 | ³出席 |

卒業する 졸업하다 | 合格する 합격하다 | 資格を取る 자격을 얻다 | 講習会 강습회 | 出席 출석

Exercises

練習の仕方 ≫ 1. ペアで話してみよう。 2. 入れ替えて話してみよう。 3. 自由に話してみよう。

3

{～なければ／～なくては}ならない・{～なければ／～なくては／～ないと}いけない

A: ¹証明写真は ²どれでもいいですか。

B: いいえ、³3ヵ月以内に撮ったものでなくてはいけません。

| ¹書類の提出 | ²いつ | ³今週中 |

証明写真 증명사진 | 以内 이내 | 撮る 찍다 | 提出 제출 | 今週中 이번 주 중

4

～なくてもいい・
～なくてもかまわない

A: ¹レポートは ²今日中に ³出さないといけませんか。

B: いいえ、⁴今日中でなくてもかまいません。

| ¹前売り券 | ²一週間前 | ³買う | ⁴一週間前 |

前売り券 예매권

ロールプレイ

Role Play

➡ 「～てもいい・～てもかまわない、～てはいけない、{～なければ／～なくては}ならない・{～なければ／～なくては／～ないと}いけない、～なくてもいい・～なくてもかまわない」를 사용해서 롤플레이를 해 봅시다!

A 당신은 영양사입니다. B씨의 희망에 따라 먹는 편이 좋은 것, 먹어야 되는 것, 먹어서는 안 되는 것, 먹지 않아도 되는 것 등을 충고해 주십시오.

B 당신은 식사요법을 할 필요가 있습니다. 영양사인 A씨에게 상담해 주십시오.

単語　食事療法 식사요법 ｜ ダイエット 다이어트 ｜ 栄養 영양 ｜ 栄養士 영양사

背を伸ばしたい 키가 크고 싶다 → たんぱく質 단백질 ｜ カルシウム 칼슘 ｜ 肉類 육류

魚類 어류 ｜ 海産物 해산물 ｜ 卵 달걀 ｜ 乳製品 유제품 ｜ 大豆 콩

太りたい 살찌고 싶다 → 脂肪 지방 ｜ たんぱく質 단백질 ｜ 蜂蜜 벌꿀 ｜ 大豆 콩

プロテイン 단백질

やせたい 살을 빼고 싶다 → 食物繊維 식물섬유 ｜ 野菜 야채 ｜ 果物 과일 ｜ 大豆 콩

中国茶 중국차 ｜ ヨーグルト 요구르트

自由会話　自由に話し合ってみましょう！

Free Talking

1　国民としての義務にはどんなものがありますか。
　　（「{～なければ／～なくては}ならない」などを使って）

2　年長者の前でしてはいけないことは何でしょうか。

3　学校で教えなくてもいいと思う科目は何ですか。

16 涼しくなってきたわね
변화 말하기

【チャレンジ文型】
1. ～くなる・～になる 2. ～くする・～にする
3. ～ようになる・～なくなる 4. ～てくる・～ていく

▶ 굉장히 예뻐졌어

※ 이 만화의 일본어 번역은 〈부록 p.172〉에 있습니다.

アップグレード会話

涼しくなってきたわね
——小泉千秋（こいずみちあき）と林景淑（イムギョンスク）／道端（みちばた）で——

[고이즈미 지아키와 임경숙이 날씨에 대해 이야기하고 있다.]

林　涼しくなってきたわね。

小泉　そうね。すっかり秋らしくなって……。

林　夕方なんかは、少し肌寒く感じるようになったわ。

小泉　で、あっというまに寒くなっていくのよね。

林　ええ、こういう季節の変わり目には風邪ひかないように気をつけなくちゃ。

小泉　そうそう。わたしたち主婦は体が元手だから。

林　お互い健康を大事にしましょう。

~ようになる　~게 되다
あっというまに　금방, 순식간에
~ていく　~어 가다
季節の変わり目　환절기
主婦　주부
元手　자본, 밑천
お互い　서로
大事だ　중요하다, 소중하다
~にする　~게 하다

涼しい　서늘하다, 시원하다
~くなる　~어지다
~てくる　~어 오다
すっかり　완전히
秋　가을
夕方　저녁때
肌寒い　쌀쌀하다

ポイント・スタディ

❶ 〜くなる・〜になる　〜어지다, 〜이 되다

だんだん髪が白くなります。
お子さん、大きくなったでしょう。
オタマジャクシはカエルになります。

❷ 〜くする・〜にする　〜게 되다, 〜이 되다

デザインを新しくしました。
彼女はてれて、顔を赤くしました。
カスバートさんは赤毛のアンを養女にしました。

❸ 〜ようになる・〜なくなる　〜게 되다/〜지 않게 되다

朝早く起きるようになりました。
日本語が上手に話せるようになりました。
だんだん、親の言うことを聞かなくなります。

132

Point Study

❹ 〜てくる・〜ていく　〜어 가다/〜어 오다

明(あか)るくなっ**てきました**。
芽(め)がどんどん伸(の)び**ていきます**。
彼(かれ)はだんだん積極的(せっきょくてき)になっ**ていきました**。

言葉ノート

だんだん　점점
髪(かみ)　머리카락
白(しろ)い　하얗다
お子(こ)さん　아드님, 자제 분
オタマジャクシ　올챙이

カエル　개구리
てれる　부끄러워하다
赤毛(あかげ)のアン　빨간 머리 앤
養女(ようじょ)　양녀
明(あか)るい　밝다
芽(め)　싹
伸(の)びる　자라다
積極的(せっきょくてき)　적극적

会話練習

会話練習をしてみましょう！

1 〜くなる・〜になる

A: ¹お嬢さん、ずいぶん ²大きくなりましたね。

B: ええ、それに ³きれいになったでしょう。

| ¹田中さん | ²スリムだ | ³美人 |

お嬢さん 아가씨, 영애 | ずいぶん 상당히 | スリムだ 날씬하다 | 美人 미인

2 〜くする・〜にする

A: ¹これ、少し ²安くして。

B: じゃあ、³300円にしましょう。

| ¹私の目 | ²大きい | ³二重 |

二重 쌍꺼풀

練習の仕方 >> 1. ペアで話してみよう。 2. 入れ替えて話してみよう。 3. 自由に話してみよう。

Exercises

3
〜ようになる／〜なくなる

A： **¹上手に演技する**ようになりました。

B： でも、**²おもしろく**なくなりましたね。

| **¹丁寧に書く**　**²力強い** |

演技する 연기하다 ｜ 丁寧に 정중하게 ｜ 力強い 힘이 넘치다

4
〜てくる／〜ていく

A： 君もだんだん **¹わかっ**てきましたね。

B： ええ、もう **²10年**選手ですから。

| **¹慣れる**　**²古参** |

選手 선수 ｜ 慣れる 익숙하다 ｜ 古参 고참

16 涼しくなってきたわね 135

ロールプレイ Role Play

➡ 「〜くなる・〜になる、〜くする・〜にする、〜ようになる／〜なくなる、〜てくる／〜ていく」를 사용해서 롤플레이를 해 봅시다!

A 당신은 성형외과의 명의사입니다. B씨 얼굴을 보고 B씨의 어디를 어떻게 고칠 수 있을까 B씨에게 설명해 주십시오.

B 당신은 자신의 얼굴이 마음에 들지 않습니다. 어디를 어떻게 고치면 좋을지 성형외과의 명의사인 A씨에게 상담해 보십시오.

単語
目が{大きい／小さい} 눈이 {크다/작다} ｜ 二重まぶた 쌍꺼풀 ｜ 一重まぶた 홑눈꺼풀
顔が{大きい／小さい} 얼굴이 {크다/작다} ｜ 肌が{白い／黒い} 피부가 {희다/검다}
鼻が{高い／低い} 콧대가 {높다/낮다} ｜ しわが{多い／少ない} 주름이 {많다/적다}
整形手術 성형수술 ｜ プチ整形 작은 성형 ｜ エステ 에스테틱 ｜ マッサージ 마사지
パック 팩

自由会話 自由に話し合ってみましょう！ Free Talking

1 どんな時に楽しい気分になりますか。

2 いま上手になりたいことは何ですか。それは、どうしたら上手になるでしょうか。

3 他の人たちとうまくつきあっていくにはどうすればよいでしょうか。

17 あなたの願いをかなえて さしあげましょう

수수용법 말하기

【チャレンジ文型】
1. ～をあげる・～をさしあげる・～をやる　2. ～をもらう・～をいただく
3. ～をくれる・～をくださる　4. ～てあげる・～てさしあげる・～てやる
5. ～てもらう・～ていただく　6. ～てくれる・～てくださる

▶ 좀 도와줄래?

※ 이 만화의 일본어 번역은 〈부록 p.172〉에 있습니다.

アップグレード会話

あなたの願いをかなえてさしあげましょう
― 韓悠美（ハンユミ）と天使／夢の中で ―

韓
天使

[한유미의 꿈 속에 천사가 나타나 말을 건다.]

韓　　あなたは誰？

天使　私は幸福をもたらす天使です。
　　　あなたの願いを何でも一つだけかなえて**さしあげましょう。**

韓　　え、ほんとに？ 何でも？

天使　もちろんです。
　　　私にできないことはありません。
　　　願い事は何ですか。

韓　そうね、とにかく幸せになりたいわ。

天使　もう少し具体的に話してくださいませんか。
　　　お金でも家でもさしあげることができますよ。

語句・表現

天使 천사	何でも 뭐든지
幸福 행복	かなえる 이루어 주다, 들어주다
もたらす 가져다주다	〜てさしあげる 〜어 드리다
願い 소원	願い事 소원
	具体的 구체적
	〜てくださる 〜어 주시다
	さしあげる 드리다

ポイント・スタディ

❶ 　～をあげる・～をさしあげる・～をやる
　　～을 주다・～을 드리다

　　この参考書をあげますから、もっと勉強してください。

　　サンプルをさしあげますから試してみてください。

　　毎朝、花に水をやります。

❷ 　～をもらう・～をいただく　　～을 받다

　　化粧品セットを購入して、この景品をもらいました。

　　誕生日にプレゼントをもらいました。

　　先生に英語の本をいただきました。

❸ 　～をくれる・～をくださる　　～을 주다・～을 주시다

　　中村さんが日本の切手をくれました。

　　別れるとき、大事にしていた写真をくれました。

　　高校の先生がアルバムをくださいました。

❹ 　～てあげる・～てさしあげる・～てやる
　　～어 주다・～어 드리다

　　新聞を読んでさしあげましょうか。

　　目的地まで案内してさしあげましょう。

　　犬と散歩に行ってやりました。

❺ 〜てもらう・〜ていただく　〜어 받다

母に弁当を作ってもらいました。
山田さんに東京を案内してもらいました。
先生に勉強の仕方を教えていただきました。

❻ 〜てくれる・〜てくださる　〜어 주시다

釜山を案内してくれませんか。
先生がおいしい韓定食の店に連れて行ってくださいました。
恩師の紹介してくださった方なので信頼できます。

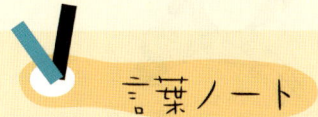

購入する 구입하다
景品 경품
切手 우표
高校 고등학교
アルバム 앨범
目的地 목적지
弁当 도시락

仕方 하는 방법
韓定食 한정식
連れる 데리고 가다(오다)
恩師 은사
紹介する 소개하다
信頼 신뢰

参考書 참고서
サンプル 샘플
水 물
化粧品セット 화장품 세트

会話練習

会話練習をしてみましょう！

1
～をあげる・～をさしあげる・～をやる

A : １母の日に何をあげましたか。

B : ２カーネーションの花をあげました。

| １結婚記念日　２真珠の指輪 |

母の日 어머니 날 ｜ カーネーション 카네이션 ｜ 結婚記念日 결혼기념일 ｜ 真珠 진주 ｜ 指輪 반지

2
～をもらう・～をいただく

A : １卒業記念に何をもらいましたか。

B : ２腕時計をもらいました。

| １開店祝い　２花輪 |

卒業記念 졸업기념 ｜ 腕時計 손목시계 ｜ 開店祝い 개점 축하 ｜ 花輪 화환

3
～をくれる・～をくださる

A : その１花束、どうしたんですか。

B : ２彼氏がくれたんです。

| １ケーキ　２彼女 |

花束 꽃다발 ｜ 彼氏 남자친구

Exercises

練習の仕方 ≫ 1. ペアで話してみよう。 2. 入れ替えて話してみよう。 3. 自由に話してみよう。

4
〜てあげる・〜てさしあげる・〜てやる

A： あれ、まだ帰らないの。
B： ええ、金さんが ¹具合が悪かったから、²掃除当番を代わってあげたんです。

| ¹忙しい ²当直 |

具合が悪い 컨디션이 나쁘다 | 掃除当番 청소 당번 | 代わる 바꾸다 | 当直 당직

5
〜てもらう・〜ていただく

A： その ¹浴衣、どうしたんですか。
B： ²佐藤さんに ³貸してもらったんです。

| ¹ネクタイ ²山口さん ³買う |

浴衣 유카타(목욕을 한 뒤 또는 여름철에 입는 무명 홑옷) | 貸す 빌려 주다

6
〜てくれる・〜てくださる

A： 先生、¹作文を ²見てくださいませんか。
B： はい、いいですよ。

| ¹この日本語の文章 ²直す |

作文 작문 | 文章 문장 | 直す 고치다

17 あなたの願いをかなえてさしあげましょう

 Role Play

➡ 「〜をあげる・〜をさしあげる・〜をやる、〜をもらう・〜をいただく、〜をくれる・〜をくださる、〜てあげる・〜てさしあげる・〜てやる、〜てもらう・〜ていただく、〜てくれる」를 사용해서 롤플레이를 해 봅시다!

A 당신은 매우 사랑하는 B씨에게 프러포즈를 했습니다. 그러나 B씨는 좀처럼 받아 주지 않습니다. 결혼하고 나서 해 주고 싶은 것을 여러 가지 말해 주십시오.

B 당신은 A씨로부터 프러포즈를 받았습니다. 당신은 A씨가 싫지는 않지만, 좀처럼 결심할 수 없습니다. 결혼하고 나서 A씨가 해 주었으면 하는 것을 여러 가지 말해 주십시오.

単語　料理 요리 ｜ 後片付け 뒷정리 ｜ 掃除 청소 ｜ 洗濯 세탁 ｜ ごみ出し 쓰레기 내기 ｜ 買い物 쇼핑
　　　給料 급료 ｜ 外食 외식 ｜ 旅行 여행 ｜ 子どもの世話 아이 돌보기 ｜ プレゼント 선물 ｜ 指輪 반지
　　　宝石 보석 ｜ 幸せにする 행복하게 하다

自由会話　自由に話し合ってみましょう！　Free Talking

1 今年、どんなプレゼントやお土産をもらいましたか。

2 好きな人にどんなことをしてあげたいですか。

3 誰かに何かを手伝ってもらったことはありますか。

18 もうしばらく考えさせていただけますか

사역 표현하기

【チャレンジ文型】
1. ～(さ)せる
2. ～(さ)せてもらう
3. ～(さ)せていただく
4. ～(さ)せてくれる
5. ～(さ)せてくださる

▶ 함께 노래하게 해 주세요

※ 이 만화의 일본어 번역은 〈부록 p.172〉에 있습니다.

アップグレード会話

もうしばらく考えさせていただけますか
——小泉純一と韓東源／韓東源の会社で——

[고이즈미 준이치가 한동원이 근무하는 회사를 방문해 비즈니스 이야기를 나누고 있다.]

小泉　このあいだご検討いただいた件ですけれども……。

韓　　先日も話したとおり、わが社としては難しいという結論に達したんです。

小泉　そこをなんとか、もう一度、前向きに検討していただけないでしょうか。この契約が成立した場合の御社のメリットについて整理した資料をあらためてここに持参してきたのですが。

韓　ううん、では、もうしばらく考え**させていただけますか**。
担当チームに資料をよく検討**させます**ので。

小泉　よろしくお願いいたします。

語句・表現

検討する　검토하다
件　건, 일, 사항
先日　요전, 일전
わが社　저희 회사
〜として　〜로서
結論　결론
達する　도달하다, 이르다
そこをなんとか　(어렵겠지만) 그래도
前向き　긍정적, 적극적

成立する　성립되다
場合　경우
御社　귀사
メリット　이점
整理する　정리하다
資料　자료
あらためて　새로, 새삼
持参する　지참하다
しばらく　잠깐
〜させていただく　〜하는 것을 허락받다
担当チーム　담당 팀
〜させる　〜시키다

ポイント・スタディ

❶ ～(さ)せる   ～게 하다, ～시키다

彼に答えさせました。
ソウル支店には誰を行かせようか。
母は私に庭の掃除をさせました。

❷ ～(さ)せてもらう   ～하는 것을 허락받다

言いたいことを言わせてもらいます。
ちょっと使わせてもらえませんか。
練習中は水を飲ませてもらえません。

❸ ～(さ)せていただく   ～하는 것을 허락받다

お先に失礼させていただきます。
勝手ながら、お手紙させていただきました。
部長、今度の仕事は私にやらせていただけませんか。

Point Study

❹ 〜(さ)せてくれる　〜하게 해 주다

彼女はいつもおいしいラーメンをラーメンを食べさせてくれます。
看護師が薬を飲ませてくれました。
初めから、もう一度聞かせてくれませんか。

❺ 〜(さ)せてくださる　〜하게 해 주다

監督、先発は私に投げさせてください。
私の父にも見させてください。
神様が、私の病状を回復させてくださいました。

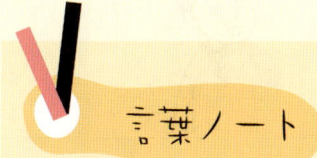

お先に 먼저	監督 감독
失礼する 실례하다	先発 선발
勝手だ 제멋대로다	投げる 던지다
ラーメン 라면	神様 하느님
看護師 간호사	病状 병세
薬を飲む 약을 먹다	回復する 회복하다
初め 처음	

答える 대답하다
支店 지점
庭 뜰, 정원
練習中 연습중

18 もうしばらく考えさせていただけますか　149

会話練習 会話練習をしてみましょう！

1 ～(さ)せる

A： しまった。¹財布を忘れた。
B： 大丈夫。彼に²払わせるから。

¹カバン ²持ってくる

しまった 아차, 큰일났다 ｜ 財布 지갑

2 ～(さ)せてもらう

A： ちょっと、その¹雑誌、読ませてもらえる?
B： 「²日本語ジャーナル」ですね。はい、どうぞ。

¹教科書 ²日本語フリートーキング

雑誌 잡지 ｜ 教科書 교과서

3 ～(さ)せていただく

A： 今度の¹発表、誰に頼もうかな。
B： 私に²させていただけませんか。

¹取材旅行 ²行く

発表 발표 ｜ 取材 취재

150

Exercises

練習の仕方 ≫ 1. ペアで話してみよう。 2. 入れ替えて話してみよう。 3. 自由に話してみよう。

4
～(さ)せてくれる

A: なにか、¹スカッとさせてくれる ²ことないかしら。

B: それなら ³フラメンコ。 ⁴スカッとするわよ。

| ¹感動する | ²映画 | ³風と共に去りぬ | ⁴感動する |

スカッとする 후련하다 | フラメンコ 플라멩코 | 感動する 감동하다 | 風と共に去りぬ 바람과 함께 사라지다

5
～(さ)せてくださる

A: ¹先生。私にも、²歌わせてくださいませんか。

B: だめだ。君はまだ ³基礎ができていないから。

| ¹料理長 | ²作る | ³修行が足りない |

基礎 기초 | できる 되다 | 料理長 요리장 | 修行 수행 | 足りない 부족하다

18 もうしばらく考えさせていただけますか

ロールプレイ Role Play

➡「～(さ)せる、～(さ)せてもらう・～(さ)せていただく、～(さ)せてくれる・～(さ)せてくださる」를 사용해서 롤플레이를 해 봅시다!

A 당신은 회사의 평사원입니다. 지금 회사는 매우 바쁘지만, 갑자기 사정이 생겨서 조퇴를 해야 됩니다. 엄격한 B 부장님에게 이유를 말하고 정중히 부탁해 보십시오.

B 당신은 부장입니다. 부하인 A씨가 조퇴하고 싶다고 말하러 왔습니다. 지금 회사는 매우 바쁘기 때문에 오늘은 곤란하다고 말해 주십시오.

単語 平社員 평사원 | 部長 부장(님) | 上司 상사 | 部下 부하 | 早退 조퇴 | 病気 병
熱がある 열이 있다 | 痛い 아프다 | 危篤だ 위독하다 | 葬式 장례식 | お通夜 밤샘
法事／祭祀 제사 | 家庭の事情 가정 사정 | 医務室 의무실 | 薬 약 | 早退届 조퇴계
休暇届 휴가계 | 公私混同 공사 혼동

自由会話　自由に話し合ってみましょう！　Free Talking

1　変な癖をやめさせる方法を考えてみましょう。

2　{明るい／落ち着いた}気持ちにさせてくれる音楽には、どんなものがありますか。

3　おもしろい体験をさせてもらえる所を知っていたら、紹介してください。

19 会社、やめさせられるかな
수동, 사역수동 표현하기

【チャレンジ文型】　1. ～(ら)れる　　　　2. ～さ(せら)れる

▶ 죽음의 훈련을 받았으니까

※ 이 만화의 일본어 번역은 〈부록 p.172〉에 있습니다.

アップグレード会話

会社、やめさせられるかな
—小泉純一と小泉千秋／小泉家で—

[고이즈미 준이치가 집에서 부인과 회사 일에 대해 이야기하고 있다.]

純一　今度こそ必ず成功させなくちゃ。

千秋　気合が入ってるわね。

純一　ひどく怒られてね。もしまた失敗したらどうなるかわかってるだろうなって脅かされちゃったよ。

千秋　まあ。

純一　またうまくいかなかったらどうなるのかな。会社、やめさせられるかな。

純一

千秋

千秋　　まさか。せいぜいどこかの営業所に飛ばされるくらいでしょう。

純一　　そんなこと言わないで、はげましてくれよ。

 語句・表現

~こそ　~야말로
必ず　반드시, 꼭
成功する　성공하다
気合が入る　의욕이 있다, 기합이 들어가다
~られる　~당하다

失敗する　실패하다
脅かす　협박하다, 위협하다
~さ(せら)れる　(억지로) ~게 되다
せいぜい　고작, 기껏
営業所　영업소
飛ばす　좌천하다, 날리다
はげます　격려하다

ポイント・スタディ

❶ 　〜(ら)れる　　〜당하다 (직접 수동)

ミスをして部長に呼ばれました。
朝帰りをしたら兄に叱られました。
街で知らない人に声をかけられた。

❷ 　〜(ら)れる　　〜당하다 (소유자 수동, 신체 일부의 수동)

冷蔵庫のケーキを妹に食べられた。
電車の中で財布を盗まれた。
人ごみで足を踏まれました。

❸ 　〜(ら)れる　　〜당하다 (간접 수동)

雨に降られて風邪をひいた。
父に死なれて進学をあきらめた。
夜、子どもに泣かれたので寝不足だ。

Point Study

❹ ～さ(せら)れる　(억지로) ~게 되다 (사역수동)

月末(げつまつ)は忙(いそが)しくていつも残業(ざんぎょう)させられる。

高校生(こうこうせい)の時(とき)、古典(こてん)の原文(げんぶん)を暗記(あんき)させられました。

昨日(きのう)、上司(じょうし)に焼酎(しょうちゅう)をいっぱい飲(の)まされて、二日酔(ふつかよ)いで苦(くる)しみました。

この本(ほん)を読(よ)んで人生(じんせい)について考(かんが)えさせられた。

自分(じぶん)を成長(せいちょう)させられる職場(しょくば)で働(はたら)きたい。

彼(かれ)の何気(なにげ)ない視線(しせん)にドキッとさせられた。

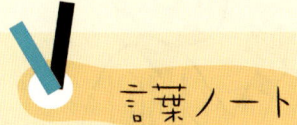
言葉ノート

	死(し)ぬ 죽다	焼酎(しょうちゅう) 소주
	進学(しんがく) 진학	いっぱい 많이, 한도껏
	あきらめる 포기하다	二日酔(ふつかよ)い 숙취
ミス 잘못, 실수	寝不足(ねぶそく) 잠이 부족함	苦(くる)しむ 괴로워하다
叱(しか)る 야단치다	月末(げつまつ) 월말	人生(じんせい) 인생
街(まち) 시가지	古典(こてん) 고전	職場(しょくば) 직장
声(こえ)をかける 말을 걸다	原文(げんぶん) 원문	何気(なにげ)ない 아무렇지 않다, 무심하다
盗(ぬす)む 훔치다	暗記(あんき)する 암기하다	視線(しせん) 시선, 눈길
人(ひと)ごみ 붐빔, 북적임	上司(じょうし) 상사	ドキッとする 두근거리다

19 会社、やめさせられるかな

会話練習

会話練習をしてみましょう！

1
〜(ら)れる

A: どうしたんですか。
B: ¹恋人に²ふられたんです。

¹スリ　²財布を取る

ふられる 차이다 ｜ 取る 훔치다

2
〜(ら)れる

A: 大事にしていた¹ピアスを²妹に³なくされたんです。
B: じゃあ、⁴妹さんに⁵同じものを買ってもらったら。

¹フィギュア　²甥　³壊された　⁴お兄さん　⁵弁償する

なくす 잃다 ｜ 同じだ 같다 ｜ フィギュア 캐릭터 인형 ｜ 甥 조카 ｜ 壊す 고장내다 ｜ 弁償する 변상하다

Exercises

練習の仕方 ≫ 1. ペアで話してみよう。　2. 入れ替えて話してみよう。　3. 自由に話してみよう。

3
〜(ら)れる

A: ¹彼女に ²泣かれて、³ダイヤの指輪を買うって約束してしまったんですよ。

B: えっ、⁴お金もないのにどうする気ですか。

| ¹雨　²降る　³遠足に行けなかった　⁴それは残念ですね |

ダイヤ 다이아몬드 | 気 생각 | 遠足 소풍

4
〜さ(せら)れる

A: ¹お兄さん、²怖そうですね。

B: はい、子どもの頃、毎日 ³泣かされました。

| ¹お父さん　²厳しい　³勉強する |

厳しい 엄하다

19 会社、やめさせられるかな　159

ロールプレイ   Role Play

➡ 「～(ら)れる、～さ(せら)れる」를 사용해서 롤플레이를 해 봅시다!

A 당신은 야쿠자가 경영하는 술집에서 아르바이트를 하고 있었지만, 여러 가지 무리한 일을 하게 되고 못 참아서 도망쳐 왔습니다. 아르바이트하는 곳에서 어떤 일을 하게 되었는가 경찰관인 B씨에게 말해 주십시오.

B 당신은 경찰관입니다. 야쿠자가 경영하는 술집에서 아르바이트를 하고 있던 A씨가 도움을 요청해 왔습니다. 어떤 일을 하게 되었는지 상세히 물어 주십시오.

単語　居酒屋 선술집 | 組織暴力団 조직폭력단 | ヤクザ 야쿠자 | チンピラ 쫄따구 | ～組 ~파
経営 경영 | 警察官 경찰관 | 脅迫 협박 | 脅す 위협하다, 협박하다 | 怖い 무섭다
アルバイト料 아르바이트료 | 未払い 미불 | 深夜営業 심야영업 | 天引き 공제
ポン引き 야바위, 유객꾼 | ぼったくり 공갈해서 금품을 갈취하는 것 | 強制 강제
自由拘束 자유 구속 | 監禁 감금 | 軟禁 연금

自由会話   自由に話し合ってみましょう！   Free Talking

1　ほめられてうれしかったことは何ですか。

2　どんなことをした時にしかられましたか。

3　これまでに先輩・上司・親などにさせられて嫌だったことがありますか。

20 お越しくださってありがとうございます

경의 표현하기

【チャレンジ文型】
1. お～になる
2. お～する
3. お～いたす
4. お～です

▶ 실례지만, 성함은……

※ 이 만화의 일본어 번역은 〈부록 p.172〉에 있습니다.

アップグレード会話

お越しくださってありがとうございます
—小泉純一と韓東源／料亭で—

[고이즈미 준이치가 감사의 뜻으로 한동원을 접대하고 있다.]

小泉　お忙しいところ、お呼びたてして申し訳ございません。貴重なお時間をさいて、お越しくださってありがとうございます。

韓　　いえいえ、こちらこそ、こんなところでごちそうになっていいんですか。

小泉　ほんの気持ちばかりですが、今日は存分にお楽しみいただけたらと存じます。

韓　　じゃあ、おことばに甘えて……。

小泉　韓さんのご尽力があったからこそ、契約も成立したし、
　　　私の首もつながったんですから。

韓　　いや、お互いさまですよ。

語句・表現

料亭　요정

〜ところ　〜 와중에

呼びたてる　불러내다, 오게 하다

申し訳ございません　죄송합니다

貴重だ　귀중하다, 소중하다

時間をさく　시간을 내다

お越しくださる　오시다, 가시다

ごちそうになる　대접을 받다

ほんの　사소한, 작은

気持ち　마음

存分に　마음껏

存じる・存ずる　생각하다, 여기다

おことばに甘える　말씀을 고맙게 받아들이다,
　　　　　　　　　말씀을 사양치 아니하다

尽力　진력

首がつながる　해고를 면하다

お互いさま　피차일반

ポイント・スタディ

❶ お〜になる　〜하시다

新聞は何をお読みになりますか。
いつまでお泊まりになりますか。
先生は先にお帰りになりました。

❷ お〜する　〜하다

門の前でお待ちします。
いつ、お呼びしましょうか。
ちょっとお尋ねしたいことがあるんですが。

❸ お〜いたす　〜하다

お客様、お荷物をお持ちいたします。
どちらへお運びいたしましょうか。
それではこちらでお預かりいたします。

❹ お〜です　〜입니다

あちらでお客様がお待ちです。
部長、社長がお呼びです。
もう、お目覚めですか。

Point Study

〈경의를 나타내는 특별한 동사〉

존경어	보통어	겸양어1	겸양어2
ご覧になる	見る	拝見する	
	聞く	伺う	
	聞く	拝聴する	
召し上がる	食べる	いただく	
	飲む		
	会う	お目にかかる	
	もらう	いただく	
	あげる	さしあげる	
くださる	くれる		
おっしゃる	言う	申し上げる	申す
いらっしゃる	いる		おる
いらっしゃる／おいでになる	行く		参る／伺う
いらっしゃる／おいでになる	来る		参る／伺う
	訪ねる		伺う
なさる	する		いたす
ご存じだ	知る		存じる

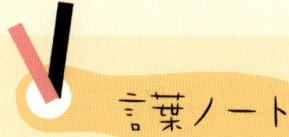

尋ねる 묻다, 질문하다
運ぶ 나르다, 운반하다
預かる 맡다, 보관하다
目覚める 잠을 깨다

泊まる 머물다, 숙박하다
門の前 문 앞

20 お越しくださってありがとうございます

会話練習

会話練習をしてみましょう！

1 お〜になる

A: ¹飲み物は何をお²飲みになりますか。

B: そうですね。³コーヒーをお願いします。

| ¹曲　　²選ぶ　　³コーヒールンバ |

飲み物 음료 | 曲 곡 | 選ぶ 고르다 | コーヒールンバ 커피룸바

2 お〜する

A: 今日は何が¹おいしいのかな。

B: ²シェフは、³子羊のステーキをおすすめするとのことですが。

| ¹新鮮だ　　²店長　　³アジのたたき |

シェフ 주방장 | 子羊 새끼 양 | ステーキ 스테이크 | すすめる 권하다, 추천하다 | 新鮮だ 신선하다 | 店長 점장
アジのたたき 다진 전갱이

Exercises

3 お〜いたす

A: ¹どこでお²待ちいたしましょうか。
B: ³入口で ⁴待っていてください。

¹ どこへ　　² 届ける　　³ 自宅へ　　⁴ 届ける

入口 입구 | 届ける 배달하다 | 自宅 자택

4 お〜です

A: すみません。ここで¹木村さんと待ち合わせなんですが。
B: ²木村様でしたら、³5号室でお待ちです。

¹ 吉田さん　　² 吉田様　　³ 2階の休憩室

待ち合わせ (때와 장소를 미리 정하고) 약속하여 만나기로 함 | 〜号室 ~호실 | 休憩室 휴게실

20 お越しくださってありがとうございます

ロールプレイ

Role Play

→ 「尊敬、謙譲、丁寧」를 사용해서 롤플레이를 해 봅시다!

A 당신은 한국인으로 일본 회사에서 5년간 일을 하고 한국에 귀국하게 되었습니다. 일본에 있는 동안 큰 신세를 졌던 B 할아버지에게 고맙다는 인사를 하러 갔습니다. 할아버지는 귀가 어두우므로 큰 소리로 말해 주십시오.

B 당신은 일본인 할아버지입니다. 귀여워했던 한국인 A씨가 한국에 귀국하게 되었다며 인사하러 왔습니다. 격려해 주십시오.

単語　お世話 신세 | あいさつ 인사 | お礼 감사의 말, 선물 | 帰国 귀국 | よろしく伝える 안부 전하다
身元保証人 신원보증인 | ごちそうになる 대접을 받다 | おみやげ 토산품, 선물
餞別 전별 금품 | 連絡 연락 | 手紙 편지 | はがき 엽서 | 見送る 배웅하다

自由会話　自由に話し合ってみましょう！

Free Talking

1　クラスメートや先生のよいところを敬語を使ってほめてみましょう。

2　どんな時に敬語を使うか話し合ってみましょう。

3　日本語と韓国語の敬語の違いについて考えてみましょう。

부록
4컷 만화 일본어 번역
롤플레이 답안례

4컷 만화 일본어 번역

01 日本人みたいに
① A：今日から日本語初級クラスの授業が始まります。
　 B：先生！日本語が早く上達する方法がありますか。
② A：毎日コツコツと努力を続けることですね。
　 B：コツコツ？
③ A：それから勇気を出して実際にどんどん使うことです。
　 B：どんどん？
④ B：コツコツ？どんどん？なんだか日本語って簡単そう。
　 A：ほら、もう日本人みたいに上手ですよ。

02 アメリカに留学に行くというんです
① A：小学校に通ってるうちの甥、知ってるでしょ。
　 B：ああ、いつもかわいいと自慢してた甥っ子さんのことでしょ。
② A：ええ。その甥がアメリカに留学に行くというんです。
　 B：小学生で留学とは。一人で行くんですか。
③ A：いえ、母親と一緒に行くそうです。
　 B：じゃあ、お父さんは？
④ A：残留孤父(ざんりゅうこふ)ですよ。
　 B：かわいそう。でも、最近、多いんですよね。
※ 残留孤父는 '기러기 아빠'의 역어로, 残留孤児(ざんりゅうこじ)에 빗대어 만든 말이며, 일반적으로는 사용할 수 없다.

03 タバコください
① A：タバコください。
② B：年齢のわかるものを見せてください。
　 A：ちょっと、僕、この子の父親ですよ。
③ B：最近の若者は、何でも早いんだから。
④ C：パパって、まだ子どもなの？
　 A：うるさい。だまりなさい。

04 納豆を食べたことがありますか
① A：朴さん、納豆を食べたことがありますか。
　 B：納豆って何ですか。
② A：チョングクチャンみたいな臭いのする発酵食品で、ねばねばしています。
　 B：そうですか。
③ A：普通はごはんと一緒に食べるの。でも、サンドイッチに入れたり、スパゲッティに混ぜたりもするのよ。
　 B：へえ。
④ A·B：(二人で納豆スパゲッティを食べている。)

05 いつまでも愛しつづけるわ
① A：本当に僕のこと愛している？
　 B：もちろんよ。いつまでも愛しつづけるわ。
② A：朝食はイタリアンがいいな。
　 B：明日から、習いはじめるわ。
③ A：遅く帰る日も、夜は温かい手料理がいいな。
　 B：分かったわ。じゃあ、いつでも温めておくわ。
④ C：それでどうするの。
　 B：やっぱ、考え直してみるわ。

06 土曜日の午後だから道も混んでて
① A：あ、大変。約束の時間に遅れそう。
② A：タクシーに乗ったんだけど、雨も降ってるし、土曜日の午後だから道も混んでて。
　 B：だから、今日は土曜日で道が混むから地下鉄で来るようにって言ったのに。
③ B：あとどのくらいかかりそう？
④ A：30分ぐらいかかるかな。
　 B：分かった。今日の夕食はおごれよ。

07 服なら、新しいの買ったの
① A：今度の土曜日、吉沢さんの家でパーティーがあるんだ。
　 B：お酒飲むんだったら行かないわよ。
② A：いや、そんなんじゃなくて。
③ A：でも、服もないし、やめておこうか。
④ B：あら、服なら、新しいの買ったの。やっぱり行くわ。

08 結婚するつもり

① A：僕、今年は絶対、結婚するつもり!!
　B：あら、おめでとう!!
② A：就職も決まったしマンションも買った。
　B：それで。
③ A：車も2台あるし貯金もたっぷり。結婚式場は高級ホテルに決めたんだ。
　B：それで相手は。
④ A：だから、優しくてリッチな僕と結婚しよう。
　B：・ば・か・。

09 パーマにしましょうよ

① A：髪のお手入れ、大変じゃない。
　B：でも、髪は女の命っていうじゃない。
② A：なに言ってるの。それは男のエゴよ。
　B：あなたも伸ばしたらどう？
③ A：あなたこそ、私のようにパーマにしましょうよ。
　B：そんな。夫にどう説明するのよ。
④ A：なに言ってるの。パーマは女性解放のシンボルなのよ。

10 今来たばかり

（結婚前：男は30分遅れて来た）
① A：ごめん、遅くなって。
　B：私も今来たばかりよ。
（新婚時代：男は30分遅れて来た）
② A：ごめん、遅くなって。
　B：今来たところよ。
（結婚10年目：男は30分遅れて来た）
③ A：ごめん、遅くなって。
　B：早く来てよ。タバコ吸いながら待ってたんだから。もう5本目よ。
（結婚20年目：男は30分遅れて来た）
④ A：ごめん、遅くなって。

11 風呂は熱いのがいちばんだ

① A：おじいさん。熱くないですか。
　B：風呂は熱いのがいちばんだ。
② A：でも、ちょっと熱すぎますよ。他のお客もいるんだから。

　B：うるさい。わしには冷たすぎる。
③ B：（番台を向いて）おやじ、もっと熱くしろ。
④ A：（お湯の中から卵を取り出しながら）じいさんほどには茹で上がっていないな。

12 降らないかもしれないわ

① A：雨が降りそうだな。
　B：天気予報によれば雨が降る確率は50％らしいわよ。
② A：傘持って来てないんだけど。たぶん降るだろうね。
　B：でも、降らないかもしれないわ。その確率も50％だから。
③ A：その傘、貸してよ。
　B：何言ってるの。
④ A：おじさん、確率50％だから、傘、半額にしてください。
　C：？

13 コンピュータの修理できる？

① A：コンピュータの修理できる？
② B：どうしたの？
　A：何日か前から調子がおかしかったんだけど、完全にフリーズしてしまって。
③ B：ウイルスにやられてないか調べてみた？
　A：うん、調べたんだけど、お手上げだね。
④ B：だったら、もう買い換えたら？
　A：そんな金ないもん。買えるわけないじゃん。

14 おもちゃがほしい

① A：パパ、おもちゃがほしい。
　B：ママに言って。
② C：パパ、アイスクリームが食べたい。
　B：ママに言って。
③ A+C：ママ、パパがママに言えって。
　D：この子たちったら、何でもほしがって困ってしまう…。
④ B：ママ、僕も小遣い上げてよ。

15 お義父さんと呼んでいいかしら

① A：あなたのお父さんをお義父(とう)さんと呼んでいいかしら。
　B：もちろん、かまわないよ。
② A：あなたのお母さんをお義母(かあ)さんと呼んでもかまわないかしら。
　B：もちろんだよ。
③ A：まあ、うれしい。
④ A：これからはお義姉(ねえ)さんと呼ばなければダメよ。
　B：……。

16 ものすごくきれいになったわ

① A：もしかして、恵子(けいこ)じゃない?
　B：あら、幸江(ゆきえ)。久しぶり。
② A：すっかり変わっちゃって。一瞬わからなかった。
　B：実はね、整形したの。
③ A：ものすごくきれいになったね。
　B：あなたも整形しなさいよ。
④ A：あのいやらしい性格をよくする手術はないのかしら。

17 ちょっと手伝ってくれる?

① A：今度の日曜、時間ある?
　B：まあ、いちおう。どうして?
② A：引っ越しするんだけど、ちょっと手伝ってくれる?
　B：いいよ。でも、俺一人?
③ A：ほかの友だちはみんな約束があるからって……。
　B：じゃあ、俺がほかのやつもあたってやろうか。
④ A：ほんと? サンキュー。何かおいしいものおごるよ。
　B：そりゃ楽しみだな。

18 一緒に歌わせてください

① A：今度の社内のど自慢大会、うちの部署の代表として君をデビューさせようということになったんだけど、どう?
　B：え、私が代表ですか。私、歌はからきしだめですよ。
② A：社内のど自慢大会なんだから、そんなに緊張しなくてもいいよ。
　B：もう一度、考え直してください。
③ A：私だけの考えじゃなくて、みんなの意見なんだよ。
　B：そうですか。分かりました。でも、条件があります。
④ A：どんな条件かな。
　B：課長と一緒に歌わせてください。

19 死の特訓をさせられたんだから

① A：明日から、いよいよ試合が始まる。
　B：今年こそ優勝ですね。
② A：あたりまえだ。そのために、監督に死の特訓をさせられたんだから。
　B：ようし、明日は力いっぱいやるぞ。
④ C：あああ。壊された。

20 失礼ですが、お名前は……

① A：いらっしゃいませ。失礼ですが、お名前は……。
　B：張東君(チャン・ドングン)ですが。
② A：チャン・ドングン様ですね。お召し物をお預かりいたします。
　B：あ、ありがとう。
③ A：どうぞこちらへお越しください。

롤플레이 답안례

01 解答例
A：ねえ、あの二人見て。
B：親子みたいだけど、ずいぶん派手なおばさんだね。
A：うそ、絶対恋人同士よ。年下のかわいい彼。
B：君らしい発想だけど、やはり親子だよ。

02 解答例
A：「トレビ」というレストランなんだけど、イタリアンがおいしいそうよ。
B：イタリアンっていうと、つまりスパゲッティなんかのこと。
A：そうだけど、きのこの和風ラザニアというのが有名だそうよ。
B：ラザニアって、どんな料理なんだい。

03 解答例
A：うちのマンションでは、ペットは飼わないでくださいね。
B：それは大丈夫です。妻にアレルギーがありますから。
A：それから、夜遅くのピアノはご遠慮ください。
B：それも大丈夫です。電子ピアノですから。

04 解答例
A：休みの日には掃除や洗濯をしたり、料理を作ったりして過ごすけど、あなたは。
B：私も料理は好きよ。たくさんごちそう作って、パーティーしたこともあるの。
A：どんな料理が得意なの。
B：なんでも。メキシカンのタコスも作るし、韓国料理のトガニタンも作るわ。

05 解答例
A：あなたの好きな魚料理を作っておくわね。
B：魚は昼に食べてしまったんだ。肉料理にして。
A：もう、頭にきちゃう。せっかく準備しおわったのに。
B：ごめん、ごめん。それからビールも冷やしておいてね。

06 解答例
A：山田さん、すみません。電車を間違えて乗ってしまったので。
B：僕はかまわないけど、先生になんと言って謝ろうか。
A：私のために山田さんにまで迷惑をかけてしまって。
B：時間には遅れるし、連絡はしないし、先生怒っているだろうな。

07 解答例
A：当メチャクチャクラブの入会金は3千円で、月会費は千円になっております。
B：1年分先払いしたら、割引はあるの。
A：1年分なら、30％の割引になります。
B：ところで、永久会員の特典が秘密って、どういうこと。

08 解答例
A：宝くじが当たったんだ。それで、週末は第一ホテルで豪遊しようと思うんだ。
B：豪遊だなんて。ねえ、そっくり貯金することにしましょうよ。
A：やだよ。毎日100万円ずつ使うつもりなんだ。パーティーも開くし。
B：そんなことして、後で後悔することになるわよ。

09 解答例
A：このアスレチックにはね、映画スターも通ってるんですって。
B：私は関心ないけど、あなただけでも入ったらどう。
A：そんなこと言わずに、一緒に入りましょうよ。
B：失礼ね。私が鉄アレイ持つだなんて、想像できる？

10 解答例

A：ウサギが寝ている間も、カメは休まずに頑張ったんですよ。
B：なに言っているんだ。一緒にゴールしようと約束しておきながら、破ったくせに。
A：冗談じゃない。そのレースの年を亀元元年(きげんがんねん)として、現在の亀元暦(きげんれき)があるんじゃないか。
B：それは歴史の歪曲だ。われわれは裁判所に提訴する準備をしているところだ。
※ 亀元은 紀元(きげん)에 빗대어 만든 말로, 일본어에 없는 말이다.

11 解答例

A：都会は便利かもしれないけど、空気も悪いし、危険が多すぎる。
B：いや、都会より田舎のほうが、危険は多いよ。
A：車に人間、それに大気汚染。とても住めたもんじゃないね。
B：ヘビにイタチ。空からはトビまで襲ってくる。田舎は都会ほど安全じゃないね。

12 解答例

A：ずいぶん変わった形をしたつぼですね。
B：つぼ？ 二人が何か話し合っている絵でしょう。
A：二人？ 人なんていませんよ。つぼがあるだけ。
B：そんなはずないでしょう。ちゃんと二人いるじゃないですか。

13 解答例

A：英語はもちろん、韓国語と中国語も話すことができます。
B：大学時代は落研(おちけん)か。
A：ええ。ですから人を笑わせることも得意です。
B：性格的にはのりやすいタイプなのかな。
※ 落研(おちけん)은 落語研究会(らくごけんきゅうかい)의 줄임말이다.

14 解答例

A：お継母様(かあさま)は、私なんかいなければいいと思っているんです。
B：そんなことありません。私はあなたに、女らしくなってほしいんです。
A：私だっておいしいものが食べたいし、きれいな服も着たいわ。
B：あなたはまだ作法ができていないの。あなたのために、いろいろ家事をさせているのよ。

15 解答例

A：あなたの場合、脂肪分は避けて、繊維質のものをたくさんとってください。
B：肉や魚は食べてもかまわないんですか。
A：魚は食べてもいいですが、肉は食べてはいけません。
B：乳製品などは制限しなくてもいいわけですね。

16 解答例

A：あなたの場合、まぶたを二重(ふたえ)にして、あごを削れば美しくなります。
B：鼻は高くなりませんか。
A：鼻を高くすると、顔全体のバランスが崩れます。
B：そこを何とか。ほんの少し高くなればいいんですから。

17 解答例

A：料理も掃除も僕がしてあげる。だから結婚してくれ。
B：買い物もしてもらいたいわ。
A：もちろんだよ。会社の帰りにスーパーに寄るよ。
B：それから、給料は私の口座に入れてもらうわよ。

18 解答例

A：部長。まことに申し訳ないのですが、今日は早退させていただけませんか。
B：なに寝ぼけたこと言っているんだ。そんなこと、させるわけにはいかないだろう。
A：朝から熱があるもので、どうしても早退させてもらうわけにはいかないでしょうか。

B: だめなものはだめだよ。とにかく医務室へ行って、まずは先生に診てもらいなさい。

19 解答例
A: 毎日夜遅くまで働かされて、給料もまともに払ってもらえなかったんです。
B: 自由を拘束されたりはしなかったんですか。
A: お店の上にあるアパートに引っ越しさせられて、監視がつきました。
B: それは監禁罪が適用できるかもしれないな。

20 解答例
A: おじいさん、本当に長いこと、ありがとうございました。
B: おやおや、結婚するのかい。それはおめでとう。
A: いいえ、そうじゃないんです。今度韓国にご招待しますので、ぜひいらしてください。
B: そうかい、そうかい。子どもができるのか。いやいや、本当におめでとう。

New 다락원 일본어 Step 3

지은이 小澤康則・吉本一・泉千春
펴낸이 정규도
펴낸곳 (주)다락원

초판 1쇄 발행 2002년 4월 4일
초판 9쇄 발행 2006년 4월 10일
개정1판 1쇄 발행 2007년 2월 28일
개정1판 14쇄 발행 2025년 8월 14일

책임편집 이경숙, 송화록
디자인 서해숙, 오연주
일러스트 윈일러스트

■ 다락원 경기도 파주시 문발로 211
내용문의: (02)736-2031 내선 460~465
구입문의: (02)736-2031 내선 250~252
Fax: (02)732-2037
출판등록 1977년 9월 16일 제406-2008-000007호

Copyright ⓒ 2007, 小澤康則・吉本一・泉千春

저자 및 출판사의 허락 없이 이 책의 일부 또는 전부를 무단 복제·전재·발췌할 수 없습니다. 구입 후 철회는 회사 내규에 부합하는 경우에 가능하므로 구입문의처에 문의하시기 바랍니다. 분실·파손 등에 따른 소비자 피해에 대해서는 공정거래위원회에서 고시한 소비자 분쟁 해결 기준에 따라 보상 가능합니다. 잘못된 책은 바꿔 드립니다.

ISBN 978-89-5995-280-9 18730
ISBN 89-5995-275-3(세트)

http://www.darakwon.co.kr

• 다락원 홈페이지 자료실에서 **본문 회화의 해석**, **MP3 파일**(무료)을 다운로드 받으실 수 있습니다.